The Legendary Concierge's Premium Hospitality

前田佳子
Yoshiko Maeda

伝説コンシェルジュが明かす
プレミアムなおもてなし

お客様の望みをすべてかなえる方法

ダイヤモンド社

はじめに

ザ・リッツ・カールトン大阪のコンシェルジュカウンターに、米国人男性が足早に近づいてきました。

顔は青ざめ、涙を浮かべられています。

「ただならぬ何かが起きた」と感じました。

男性は、「飛行機を止めてくれ！」と叫んでいます。

冷静になっていただけるよう「何をしたらよろしいですか」と穏やかにお聞きすると、お父様が危篤状態で、緊急帰国しなくてはならないとのこと。

しかし離陸まで、あと一時間しかありません。

尋常ならぬ様子を感じ取ったのでしょう。ベルマン三人がこちらに注目していました。

私は、お客様に「すぐ着替えてください」とお願いし、ベルマンに「一緒に部屋に上がって、荷物の梱包を手伝ってくれませんか」と伝えました。

ベルマンは、まだほかのベルマンが二人待機していることを瞬時に確認し、三人でお客様の部屋に急行しました。

次に、私はドアマンのところへ行き、

「関西国際空港までお急ぎのお客様がいらっしゃるので、タクシーを待機させておいてくれませんか」

さらにフロントに、

「お客様がチェックアウトされます。すぐにビル（領収証）を出してください」

と伝えました。

一〇分後、私の目の前を、荷物をもったベルマンとお客様が足早に通りすぎていきます。チェックアウトをすませ、ドアマンが待たせておいたタクシーに乗り込み、お客様は空港に向けて出発。

その間、私は航空会社と交渉です。

担当者は、「フライトまですでに一時間を切っています。申し訳ないですが無理です」とおっしゃいました。

「何とかなりませんか。どうしても今日発たないといけないのです」

そんなやりとりが一五分ほど続き、最終的に航空会社の方は、「やれるところまでやってみます」と電話を切られました。

状況は五分五分でしたが、フライト時間を二三分遅らせ、お客様は無事飛行機に乗ることができました。

「女性の立場で話を聞いてもらえませんか?」

コンシェルジュカウンターに三〇代前半の男性がいらっしゃいました。

どうしても好きな女性がいて、「プロポーズしたい」とおっしゃいます。

「でも、彼女は二〇万円以上のブランド品を毎月プレゼントしろというのです。私の給料は手取り二四万円なので、彼女のいうとおりにするには、経済的に無理です」

そのとき二つの考えが私の脳裏に浮かびました。

一つは、その女性は結婚を断る口実として無理難題をおっしゃっているのではないか、そしてもう一つは、男性をテストしているのではないかというものです。

たとえば、女性が過去につらい恋愛を経験されていて男性不信になり、男性に厳しい条件を提示して、どれくらい自分のために尽くしてくれるのかを試そうとしているのかもしれません。

今回、お客様がリッツ・カールトンにいらしたのは、女性のご要望をかなえるためでした。それは、

「リッツ・カールトンのスイートルームに宿泊してフランス料理を食べたい」

「スイートルームの床にバラとミモザを一〇〇本敷き詰めて欲しい」

というものでした。

女性のご要望をかなえることが、男性のご要望であり、コンシェルジュとしての私の任務です。

コンシェルジュは、お客様に快適にすごしていただくため、あらゆるご要望にお応えします。その際、お客様が言葉にされたご要望にお応えするのは最低限のことで、言葉にされないご要望も「五感」で感じ取り、お応えしていきます。

私は、女性のお気持ちを想像し、男性を試されているのだろうと考えました。

女性は嫌いな男性に対して、「ホテルのスイートルームで食事がしたい」とはいわないものです。それなら今回のご要望にお応えすることは、お二人の幸せをお手伝いすることになるかもしれません。

ただし、大きな問題がありました。

お客様がご用意できる金額は一八万円。それは当時、スイートルーム料金のみの額に相当し、このままではフランス料理もバラもミモザもご用意できません。

そのご要望にどのようにお応えしたかは、本文に譲りますが、女性はその夜プロポーズを受けられ、ご結婚されることが決まりました。

女性は男性から、事のいきさつをお聞きしたのでしょう。

翌日、婚約指輪をわざわざ見せにきてくださいました。話を伺うと、やはり過去の経験のせいで男性不信に陥り、その男性のことも信用できなかったとのことでした。

スイートルームでの食事やお花はテストだったのです。

私はお二人が幸せになるお手伝いをさせていただけたことをとてもうれしく思いました。

私はこれまで、国内系、外資系合わせて四つのホテルで、二七年間にわたり、おもてなしについて学び、コンシェルジュの能力を高めてまいりました。

大阪東急インからスタートし、外資系の大阪ヒルトンインターナショナル（現ヒルトン大阪）、ザ・リッツ・カールトン大阪、そして現在は、リゾートトラスト・東京ベイコート倶楽部（二〇〇八年三月、東京お台場にオープン）にお世話になっています。

ヒルトンではゲストリレーションズオフィサーとして多くのＶＩＰを担当させていただきました。ヒルトンはお客様に対して、高いレベルのサービス、速いサービス、均質のサービスを求めており、ここで私はおもてなしのスキルを学びました。

ザ・リッツ・カールトン大阪には、開業準備の段階からお世話になりました。チーフ・

コンシェルジュ、その後、ロビー・マネージャーとして勤めさせていただくなかで、おもてなしのマインドについて学びました。

そして現在、リゾートトラスト・東京ベイコート倶楽部に宿泊部・支配人としてお世話になっております。東京ベイコート倶楽部はスタッフ全員がコンシェルジュとして仕事をする「オールコンシェルジュ」を標榜しており、私はスタッフ教育も担当させていただいております。

私は、おもてなしに一番必要なのは、マインド（＝心）だと考えています。

マインドの高い人は、お客様のご要望に対し、決して「ＮＯ」をいうことはありません。お客様のご要望を、たとえ口に出されなくても五感や第六感のようなものを駆使してキャッチし、ほかのスタッフとのチームワークによってかなえようとします。

本書では、これまで私の経験から学んだ、お客様のご要望をかなえる方法を、初めてまとめさせていただきます。

コンシェルジュの仕事術は、お客様のご要望をかなえたいと思うすべての人に役立つものかもしれません。

現在は、お客様のご要望にお応えするのは当たりまえ、それを超えた「おもてなし」をして初めて、お客様に感動していただける時代です。

本書が、ホテルを始めとするサービス業に携わる方のみならず、すべてのビジネスパーソンの方々のお役に立てますなら、これほどうれしいことはありません。

二〇〇七年六月

前田　佳子

※本来は「ホテリエ」「ベルパーソン」「ドアパーソン」を使用すべきですが、本書では、読者の方に身近な「ホテルマン」「ベルマン」「ドアマン」を使用させていただきました。

『伝説コンシェルジュが明かすプレミアムなおもてなし
——お客様の望みをすべてかなえる方法——』

目次

第3章 言葉にされないご要望を五感で感じ取る……73

第4章 男性に求められるサービス、女性に喜ばれるサービス……89

第5章 プレミアムなおもてなしを実現する社内のチームプレー ……103

第6章 五つ星ホテルの現場で実践するスタッフの育て方 ……131

第7章 人間関係はどうしたらうまくいくのか？

第9章

外資系と日本のホテルで学んだ仕事で本当に大切なこと ……191

第1章

プレミアムなおもてなしに必要なマインド

アイスツリーとロマンス・コンシェルジュ

ザ・リッツ・カールトン大阪のコンシェルジュカウンターに、若い男性が足早に歩いてこられました。

男性は、クリスタルガラスでできたクリスマスツリーを私に見せながら、こうおっしゃいました。

「こんなデザインで、氷のクリスマスツリーをつくって欲しいのです。そして……」

男性は真剣な面持ちで、やや前かがみになり、お話を続けられました。

「フレンチのフルコースが食べ終わって、二人でお茶を飲んでいるときに、氷のなかからタイミングよく、このリングが落ちるようにしてくれませんか……」

男性がカバンから取り出したのは、ティファニーのダイヤモンドリングでした。

ご要望をおっしゃると、男性は「はたしてやってもらえるだろうか」と不安な面持ちで、私を見ておられます。

「かしこまりました」

そうお答えすると男性は安堵の表情を浮かべ、帰っていかれました。

後ろ姿をお見送りしつつ、私はお客様のご要望にパーフェクトにお応えするにはどうしたらよいかと、思いをめぐらせました。

氷のクリスマスツリーを「アイスツリー」といいます。これはシェフに氷の彫刻をお願いすればなんとかなりそうです。

問題はリングです。**食事が終わった数分後に、タイミングよくティファニーのリングがアイスツリーから落ちる**。そのご要望をかなえて差し上げるには、いろいろな条件が必要になりそうです。

アイスツリーのどの部分にリングを入れたらいいのか、ツリーはお部屋のどこに設置するのがいいのか、お部屋の暖房温度は何度に設定したらいいのかなどと、当日の様子を思い描きました。

当時、私がチーフ・コンシェルジュを務めさせていただいていたザ・リッツ・カールトン大阪には、「ロマンス・コンシェルジュ」というサービスがありました。このサービスは、記念日のサプライズ、そしてプロポーズの演出など、恋人同士やご夫婦の素敵なひとときのお手伝いをしていたのです。

クリスマス・イヴにスイートルームでプロポーズ

その数週間前のことです。

若い男性は、「一番高い部屋を予約したい」とおっしゃって、コンシェルジュカウンターにいらっしゃいました。

ザ・リッツ・カールトン大阪には、「ザ・リッツ・カールトン・スイート」という最高級のお部屋がありました。広さは二三三平方メートル。ゆったりとしたジャグジーバス、特別注文でおつくりした最高級キングサイズベッド、グランドピアノや絵画など、ゆったりとした空間に豪華な調度品がしつらえてあるお部屋です。

そのことをお伝えすると、男性は「では、そこを」と予約していかれました。

私はその方が、前年のクリスマスにも同じお部屋をご予約されたことを記憶していました。二〇代半ばの男性が、最高級スイートをご予約されるのは比較的めずらしいことなので、特に印象に残っていたのです。

数日後、男性からコンシェルジュ宛にお電話をいただきました。

内容は、お部屋でフレンチのフルコースを召し上がりたい、というものでした。

またその数日後には、直接ホテルにおいでになり、「食事のとき、ピアノカルテットに『美女と野獣』を演奏して欲しい」とおっしゃいました。ご予約なさったスイートルームにはピアノがありましたし、ときおりカルテットによる生演奏をオーダーされる方もいらっしゃいますので、お受けすることができました。

当時、ザ・リッツ・カールトン大阪には四名のコンシェルジュがいましたが、このお客様からいくつかのご要望をお受けするうちに、四名とも男性とお話しする機会がありました。四名はそれぞれにアイデアをもちより、男性のご要望にお応えしようとしていました。

私は**男性の真剣な表情**、**熱を帯びたお声**などから、クリスマス・イヴにプロポーズされるおつもりではないか、と思いました。昨年もお泊まりになったということは、もしかすると二年越しで思いを伝えようとされているかもしれません。

別のコンシェルジュは、この男性は歯医者さんではないかと想像していました。男性とお話ししているときに、ごくわずかにクレゾールのにおいがしたというのです。いわゆる「歯医者さんのにおい」を彼女は**鋭敏な嗅覚で感じ取っていた**のです。

お客様のご要望にお応えするには、お客様の情報は、どんなに小さなものでも必要です。**小さな情報から想像力を働かせ、お客様の言葉にされないご要望、潜在的なご要望を探します**。

これはコンシェルジュに限ったことではありません。

優秀なホテルマンは、お客様の情報をとても大切にします。情報をもとにお客様に心からのおもてなしをするためです。

そのため自然とお客様を観察しています。たとえば、お客様の背中のご様子から、お客様の心理状態を読み取ることもあります。向かい合ってお話をしていたときは元気でも、後ろ姿から疲れていらっしゃるとわかることもあります。

プロポーズの言葉を選んで欲しいというご要望

「このなかで、どれが一番グッときますか?」

そういって男性がホテルにいらっしゃったのは、確か一二月に入った頃のことでした。

一二月はイベントも多く、宴会をなさるお客様も増えるので、ホテルはいっそう華やいだ雰囲気に包まれます。

男性は二〇くらいのプロポーズの言葉を考えられていました。そこには映画のセリフのようなもの、男性的で力強いもの、やさしく繊細なもの、シンプルな愛情表現までさまざまな言葉が並んでいました。

どういう言葉がよいかは、受け手である女性によって変わります。

ロマンチックなフレーズがお好きな方もいれば、飾りのない愛の言葉に心動かされる方もいるでしょう。私はまずそのことをお伝えし、そのうえで、ご用意されたフレーズのうちから、シンプルなものをいくつか選び、「いかがでしょうか?」とお聞きしました。

そのうちの一つは「結婚しよう」だったと思います。

最高級スイートに泊まり、フレンチのフルコースを召し上がり、カルテットによる『美女と野獣』の生演奏というサプライズもあります。そうした非日常空間のなかでは、シンプルな言葉こそ、温かみをもって女性の心に伝わるのではないでしょうか。そんな思いもありました。

そして、男性からの最後にして最大のご要望が、冒頭にお話ししたものです。アイスツリーからティファニーのダイヤモンドリングをタイミングよく落とすというものでした。

あらかじめリングをおもちになっていたので、コンシェルジュみんなで「なくしたりしたら大変」と金庫にしまっておいたことを覚えています。

リングが落ち、そして……

そして、いよいよクリスマス・イヴがやってきました。

ホテルのロビーには装飾を凝らしたツリーが飾られています。各階の空間やレストランにも、それぞれ工夫を凝らしたツリーがあります。そして男性がご予約されたスイートルーム内のダイニングには、一メートルほどの高さのアイスツリーが飾られました。

アイスツリーは当時の副総料理長にお願いしてつくってもらいました。もちろん外からはダイヤモンドリングは見えません。女性に見えてしまったら、サプライズになりませんから。それでも食事が終了する二時間と数分後には、リングが落ちなくてはなりません。それを合図に男性が、プロポーズなさるのですから。

副総料理長は大変な研究をしたようです。当日のお部屋の暖房温度を事前に調べ、どのくらいの厚みの氷が、どのくらいの時間で融けるのかを計算したうえで、アイスツリーをつくりました。サービススタッフ（給仕スタッフ）も、いつも以上に時間に気を配りました。お食事のペースが少しでも早かったり、遅かったりしたら、お茶の時間のタイミングでリングが落ちることにはならないからです。

お二人はカルテットの演奏を楽しまれ、フルコースを召し上がりました。

そして……。

お二人が静かにお茶を飲まれているちょうどそのとき、カラン、と音を立て、アイスッリーからダイヤモンドリングが落ちたのです。

その結果どうなったのか。それは神様におまかせするしかないのですが……。

ホテルマンが力を合わせ、お客様の夢をかなえるお手伝い

数か月後、まだホテルのお客様たちがコートを着ていらしたので、二月か三月初旬頃だったと思います。私がいつものようにコンシェルジュカウンターの前あたりに立ち、ロビー全体を見渡していると、入口近くから、こちらを見ている男性がいらっしゃることに気づきました。

それはあのリングの男性でした。男性は私と目が合うと、軽く会釈をされました。私も

その場で、軽くお辞儀をしました。男性のすぐ後ろには、クリスマスのときの女性がいらっしゃり、女性もまた軽く会釈をされました。

私は、女性がプロポーズを受けられたのだと思いました。私はお二人のところに行きました。「先日はありがとうございました」というと、女性は「たいへんお世話になりました。ありがとうございました」とおっしゃいました。

女性の薬指には、あの日、アイスツリーからカランと落ちた、ティファニーのリングが輝いていました。

後日、男性から改めてお電話をいただきました。

「いろいろとお世話になりました。おかげさまで次のクリスマスはお世話にならないと思います」

やはり二年越しのプロポーズだったのです。私は大役をはたせたことにホッと胸をなでおろし、同時にお二人の末長いお幸せを祈りました。

多くのホテルスタッフが力を合わせた結果、お客様の願いをかなえられるお手伝いができたのです。

この件に携わった**スタッフのマインドがみな高かった**ということが、お手伝いが成功した最大の要因でした。

「ここまで」という決まりのないコンシェルジュの仕事

コンシェルジュという仕事は、日本ではまだなじみの薄いものかもしれません。もともとコンシェルジュとは、「鍵の番人」を意味し、「お客様の持ち物すべてをお預かりする」というたいへん責任の重い仕事でした。

いまでもヨーロッパのホテルのなかには、フロントではお部屋の鍵をお預かりせず、コンシェルジュがお預かりするところが多々あります。

たとえばパリのコンコルド広場に面した高級ホテル、オテル・ド・クリヨンでは、いまでもコンシェルジュは「鍵の番人」という文字どおりの仕事をしています。

コンシェルジュは欧州生まれの職種であるため、これまでは外国人のお客様のご利用が多かったのですが、最近は、業務内容の認知度が上がり、日本人のお客様のご利用も増えてきました。

コンシェルジュの仕事には、「**ここからここまで**」**といった決まりはありません**。つまり、終わりのない仕事です。ご滞在中のお客様だけでなく、ホテルの館内に一歩でも足を踏み入れてくださるお客様に対し、ご満足いただけるよう、あらゆるお手伝いをします。

仕事の内容を具体的にいうと、お客様のご滞在をより快適にするため、ホテル内の楽しみ方をお伝えする、観光の手配、レストランの予約、航空券の手配などですが、そのほか、あらゆるご要望にお応えします。

冒頭にお話ししたような、記念日のサプライズ、プロポーズの演出など、恋人同士やご夫婦の素敵なひとときのお手伝いもそうです。

お客様のなかには、先ほどのティファニーのリングのように、具体的に指示される方もいらっしゃいます。お部屋の装飾について、お花の種類を指定されたり、部屋全体に花びらを散らして欲しいといわれるケースもあります。そのようなケースでは、ご要望をかなえるようさまざまな手配をいたします。

なかには、「今日は妻の誕生日なので、**彼女が驚くような演出をしたい**のですが、**何かいいアイデアはありませんか**」とご相談に来られるお客様もいらっしゃいます。そのようなときには、過去の経験から、「こうしたケースが喜ばれました」とお伝えし、お客様に選んでいただきます。

「あの飛行機を買いたいのだけれど……」

「エッ」と驚くようなご要望も少なくありません。

たとえば、「A社に入りたいんだけど、どうしたらいいだろうか」とご相談を受けたことがありました。そのときには、A社の人事部にお電話して、採用の情報をお聞きしました。そのお客様は履歴書を書かれ、A社の面接に行かれたようです。あとからお礼のお電話をいただきました。

熱狂的なプロ野球ファンの方から、「昨日のゲームはどうして負けたのか分析してよ」といわれ、球団の広報にお電話して、コメントをいただいたこともあります。外出されたお客様からお電話があり、「いま自分がどこにいるか教えて」と聞かれたこともあります。そのときは、その場所から見える建物や看板を教えていただき、住所をご案内しました。

印象深いご要望に「飛行機を買いたい」というものがありました。

ある日、お客様が、「あそこに飛んでいる飛行機。ほら、見えるでしょ」と、窓の外を指差されているのです。私が近づくと、「ああ、行ってしまった……あの飛行機を買いたいのだけれど……」とおっしゃるのです。

飛行機といってもセスナ機やグライダーではありません。ホテルの窓の外を飛んでいたのはジャンボジェットです。

「もしかしたら私を試されているのではないかしら」とも思いましたが、「いや、お客様は本気かもしれない」と思い直し、「素敵ですね。よろしければどの航空会社の飛行機かお調べいたしましょうか」といって対応させていただきました。

飛行機の通過時間を調べ、空港に問い合わせると、機種はボーイング747LR（当時）というおもに国際線に使用されている飛行機だとわかりました。

次に、ボーイング社に電話し、**「個人のお客様がボーイング747LRを買いたいとおっしゃっています。私は何をお手伝いさせていただいたらよろしいでしょう」**といいました。ボーイング社のご担当の方は、最初は驚いていましたが、結局、ボーイング社の営業の方と、そのお客様をお引き合わせすることになりました。

お客様は本気だったのです。でも、ジャンボ機を個人で所有するにはさまざまな条件が必要でした。駐機場が必要ですし、操縦するには特別な免許が必要です。離着陸のときには税金もかかるそうで、結局、その話は成立しなかったようです。

「買えるお金はあるのだけど。残念だなあ」と、お客様はおっしゃっていました。

「NOをいわない」サービス

このようなご要望について、それはホテルのサービスとは関係ないと思われるかもしれません。

でも、コンシェルジュに限らず、ホテルマンの仕事は「ＮＯをいわない」ことです。これは私の持論です。お客様からどのようなご要望を受けても、「かしこまりました」とお受けし、誠心誠意対応します。それが、お客様に心地よさを提供する一つの方法です。「ＮＯをいわない」というと、誤解されるかもしれませんが、すべてお客様のご要望どおりにすることではありません。

たとえば、「あの飛行機を買いたい」というお客様に対し、「そんな無理なことをおっしゃらないでください」とか「申し訳ございませんが、そのようなことはできません」といってしまったら、それはご要望を拒絶しているだけでなく、お客様を拒絶していることになります。

どんなご要望でも、すべてお聞きし、お客様の気持ちをきちんと受け止めます。「そんなの無理」などと最初から判断しないで、まずは受け入れて、最善を尽くします。これが「ＮＯをいわない」ということです。

あきらめずに代替案を探す

男性が慌てたご様子でコンシェルジュカウンターのほうへ走ってこられました。お顔の様子も厳しく、たいへんなことが起きたことはすぐにわかりました。

このようなとき、まずは自分が落ち着くことが大切です。下腹にキュッと力を込め、努めて落ち着いた声で「どうされましたか」とお聞きしました。

「名刺をなくしてしまったんだ。探してもらえないか」

お客様は大きな声でまくしたてました。ホテルでビジネスミーティングをされ、数百億円にものぼる商談をなさっていたそうです。ところが……。

「気がついたら、相手の名刺がないんだ。このままでは先方に連絡がとれない」

私は少しお時間をいただくことをお願いし、手のあいているスタッフと館内をくまなく探しました。ミーティング会場、フロント周辺、トイレなど、お客様が行かれそうな場所を探しましたが、お名刺は落ちていませんでした。さらにゴミ収集場に行って、すべてのゴミのなかを探しましたが、ありませんでした。この日以来、毎日館内を探し続けたのですが、結局お名刺は見つかりませんでした。

でも、何とかしなければという思いがありました。

お客様の真のご要望は、商談相手に連絡をとることです。名刺はいわば手段です。そこで、さまざまなルートを使って、商談相手の方を見つけようとしました。名刺をなくされたお客様からの情報、ビジネスミーティングのときに対応させていただいたホテルマンの情報などから、ついに相手の方を見つけることができました。

お客様は、相手の方にお詫びし、すべてのご事情を話されました。相手の方は、「とてもすばらしい話だ」と理解してくださり、商談は成功したそうです。

お客様のご要望を満たせるかどうかは、実際にやってみなければわかりません。

このケースでは、「名刺を探して欲しい」というお客様のご要望はかなえることができませんでしたので、代替案を見つけて対応させていただきました。

お客様のご要望をお聞きし、すべてを満たして差し上げることができればいいのですが、そうでないときには、代替案を探します。たとえ、問題は解決されなくても、納得していただけるよう誠心誠意対応させていただきます。

ときには「エッ」と驚くようなご要望もあります。「飛行機が買いたい」「野球の結果を分析して欲しい」「あの会社に入社する方法を教えて欲しい」……。でも、どんなご要望をおもちのお客様も、それをコンシェルジュに話したときには、いろいろな思いや気持ちがあるはずです。言葉でおっしゃった表面的なご要望だけでなく、背景にある思いをしっかりと受け止めようという気持ちで対応させていただきます。

そして、どのようなご要望にもお応えする心の準備はいつもできています。

私はホテルという仕事場は、舞台であると考えています。バックヤードという舞台袖から一歩足を踏み出したら、そこは舞台です。フロントもロビーもコンシェルジュカウンターも舞台の上にあります。舞台に上がる前に、「どんなご要望が来ても大丈夫」と心の準備をしているので、驚いたり、慌てたりすることはありません。

ただ、ベストを尽くしてお客様のご要望をかなえることを考えています。

言葉は「YES」でも、声が「NO」になっていないか

「NOをいわないサービス」について、気をつけておかなくてはならないことがあります。それは、たとえ言葉で「NO」をいわなくても、お客様に「NO」が伝わってしまったら、それは「NO」をいったのと同じだということです。

あるとき、お客様からコンシェルジュ宛にお電話がありました。

「雑誌で見たお店を探して欲しいんだけど……」というご要望でした。

電話に出たコンシェルジュが手がかりを探そうと、お客様にいろいろとご質問したのですが、お客様はお店の名前・場所、掲載されていた雑誌名、雑誌の刊行時期などをまったく覚えていませんでした。

コンシェルジュが「それでは調べようがない。困ったな」と思っていると、突然、お客様が気分を害されて、「もういい！」と、いきなり電話を切られてしまいました。そのコンシェルジュは謝る間もありません。

その後、そのお客様から電話がかかってくることはありませんでした。

お客様にとっては電話に出た人がその会社の代表です。対面の接客ならば挽回するチャンスがあったかもしれませんが、**電話に敗者復活戦はありません**。だから電話での接客はとても大切なのです。

彼女は直接「ＮＯ」をいったわけではありません。また、彼女は日頃、よくお客様の言葉に耳を傾け、お客様を大切に思っている人です。それでもこのときは、言葉のニュアンスやトーンに「ＮＯ」の雰囲気が出て、それがお客様に伝わってしまったのです。おそらく「何の情報もなければ調べられないよ」というような気持ちがあったのでしょう。心のどこかで「厄介なことをいわれた」と思ったのかもしれません。

そういうときに「ＮＯ」の雰囲気が出てしまうのです。

では、どうしたらよかったのでしょう。

このような場合には、「かしこまりました」とまず申し上げます。お客様のご要望は私がお引き受けしますという気持ちをもちます。このマインドが大切です。

そして、お客様には、記憶にあることを思い出していただきます。ご希望のお店はイタリアンだったか、中華だったか、あるいは和食だったかは、覚えていらっしゃるでしょう。どういうメニューだったかも覚えていらっしゃるかもしれません。

次に、雑誌についてお聞きします。情報誌ならばメニュー以外にお店の住所や電話番号が掲載されているはずです。そうでないなら一般誌の可能性もあります。雑誌の大きさや厚さもお聞きします。刊行時期を覚えていらっしゃらなくても、ご覧になったのが、夏だったか冬だったかくらいはおわかりになるでしょう。このような情報から雑誌をある程度限定していきます。目星をつけるには、日頃から、どのような雑誌が出ているかを勉強しておく必要があるでしょう。

聞き終えたら、「すぐにはお答えできないと思います。お時間いただけますか」と申し上げたうえで、その日の帰りから、雑誌をたくさん置いている書店に寄り、コツコツ調べていきます。

お客様には、「こういうことを調べておりますが、まだ見つかっておりません。もう少しお時間をいただくことは可能ですか」と途中経過を報告して誠意をお見せし、「何かヒントになることを思い出されたら、どんなことでもけっこうですのでご連絡ください」とお伝えします。

このように、まずは相手のお話をすべて聞き、ご要望にお応えしますという態度を示すことが大切なのです。そして、それは常に、いつも実践できるようなマインドのコントロールが必要となってくるのです。

東京ベイコート倶楽部は「オールコンシェルジュ」組織

私は現在、リゾートトラスト・東京ベイコート倶楽部（二〇〇八年三月、東京お台場にオープン）にお世話になっております。

東京ベイコート倶楽部には、「オールコンシェルジュ」という考え方があります。それはホテルで働くスタッフ全員が、コンシェルジュの能力（224ページ付録参照）を身につけ、お客様の真のご要望にお応えしていこうというものです。

東京ベイコート倶楽部は、会員制倶楽部です。会員権を買っていただいたお客様と生涯にわたってお付き合いするという、いわば「生涯ホテル」です。

普通のホテルの場合は、基本的にお客様とホテルマンのお付き合いは一期一会であり、気に入っていただいた場合に、リピーターになってくださいます。

東京ベイコート倶楽部では、生涯にわたってお付き合いしていただくことになりますので、ご満足いただくには、おもてなしの質を高めていく必要があります。スタッフ全員がコンシェルジュとして働き、お客様のご要望にお応えしていく必要があります。お客様が言葉に出されたご要望にお応えするのは最低限のことで、口には出されなかったご要望もすぐに察してお応えすることが大切になってきます。

先ほどもお話ししましたが、コンシェルジュという仕事には、ここからここまでやればよいという決まりがありません。お客様に対し、ある程度のおもてなしをして満足してしまうこともできますし、もっと何かして差し上げようと思えば無限にできます。**お客様にどこまでして差し上げるかは、その人のマインドによって決まります**。

マインドは日本語では「心」という意味です。真心、人を思いやる気持ち、包容力、意思ややる気などすべて含まれます。魂といってもよいでしょう。

コンシェルジュにとって一番大切なのはマインドです。

スキルはあまり高くなくても、マインドが高いコンシェルジュはお客様に人気があります。スキルは未熟ですが、お客様のために何でもやりますという気持ちをもっていると、それは自然とお客様に伝わります。おもてなしの心をもっていることがお客様に伝わるからです。

コンシェルジュに限らず、サービスの仕事をするうえで、マインドはとても大切です。いえ、サービス業に限らず、あらゆる仕事において、マインドは最も大切なものではないでしょうか。

仕事において、スキル不足で悩む人がいますが、マインドが高ければ、スキルは自然とついてきます。

たとえば、採用時に英語やパソコンができなくてもいいのです。それでもマインドの高い人は、「お客様をおもてなしするには英語が必要」「おもてなしにはパソコンを使えなくてはいけない」と気づいた時点で、自ら進んで勉強するでしょう。そして、格段のスピードで英語やパソコンの技術を修得していきます。

反対にいくら英語が堪能でも、お客様をおもてなししようというマインドが低いと、英語の能力を活かすチャンスに恵まれないかもしれません。

東京ベイコート倶楽部では、お客様に「極上のオーダーメイド・パーソナルサービス」

を行っていきますが、そのためにはスタッフは、マインドの大切さを求められます。採用時には特別の心理テストを行い、マインドの高い人を採用しています。

また、一年に二回の筆記&インタビューテストを実施し、一人ひとりのスタッフの状態を確認しています。

マイモットーは、「あきらめない」「心でモノを見る」「自分以外はみな師」

マインドを高く保つために、私はマイモットーをつくっています。**「あきらめない」「心でモノを見る」「自分以外はみな師」**という三つがそれです。

かつて、マインドを高くもてない時期がありました。

どうも心のどこかにとげがあるような気がしたのです。そのときに、「私はどのような人になりたいのか」とイメージしました。客観的に自分を見て、尊敬できる自分の姿を想像してみました。

頭のなかには、タンポポの花が咲く、暖かい春の日のイメージが浮かんだので、それを色鉛筆で紙に描きました。タンポポは私にとって暖かさの象徴だったのでしょう。それまでは自分に対して寒色系のイメージがあったので、暖色系のイメージに変えたいと思ったのです。そして、そのときの自分には、とげのようなものがある気がしていたので、それをつむにはどうしたらいいかと、箇条書きにしました。

いくつか候補が挙がるなかで、「あきらめない」「心でモノを見る」「自分以外はみな師」の三つが大切だと思いました。こうしてマイモットーが生まれました。

「心でモノを見る」という意味には、「必ずその相手のよいところを見つけ、それを認め、尊敬する」という意味が含まれます。

人には必ず自分より優れているところがあります。それを素直に認めるのです。すぐにできなくても見つけるように努めるのです。そうすることで、今度は自分がとても楽になれます。

これは「自分以外はみな師」というものにもつながっています。

マイモットーは、自分が生きていくうえでとても大切なものですし、同時に、自分と関わってくださる方と接していくうえでも必要です。何か問題が起きたとしても、この気持ちをもち続けていれば、スムーズに解決できると思いました。

以来、三つのマイモットーは私の指針となり、おかげさまでマインドを高く保つために役に立っています。

マイモットーは、いつでも、誰に対しても、必ず実行します。お客様に対しても、仕事の仲間、プライベートの友人にもです。

あるときお客様から「ボールペンをなくしたので探してもらえないか」と相談を受けたことがありました。

それはお父様の形見のペンだったそうです。そのお客様は、お父様とけんか別れのようなことをしてしまったのですが、仲のよかったときにそのボールペンをもらって、「大切にしろよ」といわれていたそうです。

「あのペンをなくすなんて、父を二度なくすようなものですよ」

そういってお客様はわずかに涙ぐまれているように見えました。

もしかしたらそうではなかったかもしれませんが、私の心にはお客様の悲しい気持ちが伝わってきました。

スタッフ総出でホテル内をくまなく探したのですが、見つかりませんでした。

しかし、この場合は、以前お話ししたお名刺の件のように、代替案をご提案することはできません。そのボールペンこそが大切なのです。

私は、お客様のその日の行動経路をすべてお聞きし、仕事が終わってから、そのコースを歩きました。お客様が立ち寄られたすべてのお店に入り、ボールペンの忘れ物がないかを聞いて回りました。

お客様の滞在は三日間しかなく、その間、必死になって探しましたが、ペンは見つかりませんでした。お客様は「ありがとう。もういいですよ」とおっしゃったのですが、私はあきらめることができませんでした。

それから、出勤前や帰宅時に同じコースを何度も歩き、道路やその周辺なども含めて探しました。同じお店に何度も立ち寄ったため、お店の方に、「また、あなたですか。何度来てもうちにはボールペンはありませんよ」とあきれられたこともありました。それでも「お客様の大切なボールペンを何とか見つけたい」と考えて探し続けました。

三週間後のある日、ついにボールペンを見つけました。驚いたことに、何度も「ない」といわれたお店にあったのです。

お客様にご連絡すると大変感激してくださいました。「もうあきらめていたんですよ」と、少し涙声でおっしゃいました。

最後まであきらめずに探せたのは、「あきらめない」というマイモットーのおかげでしょう。

マイモットーを毎日実行することによって、マインドは高く保てますし、私の心のとげは少しずつ抜けていっているような気がします。

第2章

初対面の3分で
お客様のご要望をつかむ

ある女優さんに驚かれたパーソナルなおもてなし

ある女優さんがザ・リッツ・カールトン大阪にいらしたときの話です。その女優さんが滞在されるのは初めてのことでした。

そのとき私は特別に、お部屋に白湯とやわらかいパンをおもちしました。

「おなかに負担のないものがよろしいかと思いまして……。よろしかったらどうぞ」

女優さんはとても驚かれました。

「私が断食を終えたばかりだと、どうしてご存知なのですか」

そうなのです。彼女は断食していらしたのです。そのことを私はたまたま知人から聞いていたおかげで、その女優さんにとても満足していただくことができました。

パーソナルなおもてなしをするうえで、お客様の情報は欠かすことができません。情報がなければ、サプライズを起こすこともできません。

コンシェルジュは、ほかのホテルマンに比べ、お客様の情報をお聞きするチャンスの多い仕事です。

たとえば、コンシェルジュカウンターにレストランについて聞きにこられたお客様との会話のなかで、「今日は記念日なので……」とおっしゃることがあります。そのとき、さりげなく「どのようなご記念日ですか」とお尋ねすると、「結婚記念日なんです」などとおっしゃいます。

このようにして得た情報はホテルスタッフで共有し、活かされます。レストランのお出迎えのときに、「○○様、ご結婚記念日おめでとうございます」とお声がけしたり、お祝いのケーキやホテルスタッフからのメッセージカードをお贈りすることもあります。

情報はパーソナルなおもてなしの基本になるものです。

ですから、どのホテルでもお客様にパーソナルなおもてなしをするために、個人情報保護法に抵触しないよう注意を払いながら、お客様の情報をできるだけ取得するよう努めています。

何度かいらっしゃっているお客様であれば、過去のご宿泊時のデータなどから、お客様のパーソナリティや、食べ物や飲み物の好みなどがあらかじめわかりますから、それらをふまえて、パーソナルなサービスをしていきます。

初対面のお客様でも事前に情報があれば、接客の仕方はまったく変わります。

ある政治家の方がホテルにお見えになったときのことです。ご案内したホテルスタッフは、その方がスパがお好きであることを知っていました。事前にたまたま知人からそのことを聞いたのだそうです。

そこでタイミングを見計らって、「スパをご覧になりますか」とご提案しました。するとお客様はたいへん驚かれました。「私がスパを好きなことをどうして知っているんだね」と、とても感動してくださり、その後、「あのホテルはなかなかすばらしい」とたくさんのお客様をご紹介してくださいました。

でも、初めていらっしゃったお客様の場合はそういうわけにはいきません。事前にまったく情報がないのです。このような場合には、短い接客時間にコミュニケーションをしながら、お客様がどのような方なのか、どのようなことを望んでいらっしゃるのかを把握していかなければなりません。**その時間は平均すると三分程度**ではないでしょうか。

ですから、お客様とホテルスタッフの初対面の三分間は、とても大切な意味をもっています。

第一印象で心がけるべき雰囲気づくりとは

三分間のうちにお客様から情報を得るには、まずは第一印象が大切です。特にサービス業では、第一印象でお客様のホテルや会社についての印象が決まることもあるでしょう。サービス業に携わる方は、誰でも会社を代表してお客様に対応しています。ですから、個人の印象がホテル全体の印象となるのです。

たとえばお客様が、「○○ホテルは感じがいい」とおっしゃる場合、その人を担当した一人のスタッフの感じがよかったのかもしれません。

反対に「あそこはダメ」という場合は、その方を担当した一人のスタッフの感じが悪かったのかもしれません。そういうときに、「○○ホテルのAさんは感じ悪い」とはおっしゃらず、「○○ホテルはダメだよ。愛想悪くてさ、ロクな社員いないよ」と、ちょっと話が大きくなります。

ですから私は、自分のちょっとしたふるまいで、ホテルの名前、会社の名前を汚すこともあると、自覚して行動しています。

よい第一印象とは、お客様のご要望をかなえて差し上げられる雰囲気です。

信頼感がもて、なおかつソフトな感じがよいでしょう。この人に頼めば絶対に何とかなるだろうというような信頼感を醸し出しつつ、ソフトで温かく、包容力が感じられることが最も好ましいのです。

そのような印象を醸し出すことができれば、お客様は安心して、ご自身のご要望を話してくださいます。それがパーソナルサービスの第一歩となります。

自分の何気ない表情をビデオ撮影して気づいたこと

私が個人的に最も大切だと感じているのは、表情です。表情は自分の心の内が表れます。パッと目と目が合った瞬間に、こちらがどのような表情かによって、第一印象は決まります。

ヒルトン大阪を辞めたばかりの頃、大阪の地下街をぼんやり歩いていると、ヒルトンの人事部長（当時）に声をかけられました。

「どうしたの。そんなにすました顔をして。声がかけられないじゃないか」

私はすましているつもりもなく、ただぼんやりしているだけでした。そのときは、大して気にもとめなかったのですが、リッツ・カールトンで働くようになって二、三年経った頃、同じような指摘を受けました。

友だちとお茶をしているときに、「どうしたの？ 機嫌悪いの？」といわれたのです。私は「エッ？」と意外に思いました。このときも機嫌悪くはないし、もちろん怒っているわけでもなく、ごく普通にしていたつもりでした。でも、同じようなことを複数の人にいわれるということは、多くの人がそう感じているのでしょう。これは接客時だけでなく、人とお付き合いしていくうえで、私と関わるすべての方に失礼だと思いました。

そこで、友人に頼み、仕事中やプライベートの様子をビデオ撮影してもらいました。すると自分がイメージしていた自分の表情と、ビデオのなかの自分が明らかに違うのです。私はショックを受けましたが、「私はこんな顔をしているのだ」「人にはこう見えるのだ」と自覚しました。

それからは笑顔にいつも注意しています。コンシェルジュカウンターの、**お客様からは見えない場所に小さな鏡を置き、ときおり自分の表情をチェック**していました。

男性こそ鏡が必要

私はサービスの現場には大きな鏡が必要だと思っています。表情をチェックするにも身だしなみを整えるにも鏡は必要です。サービスを提供するものとして、身だしなみはとても大切な要素です。お客様に不快感を与えるような服装や身だしなみは慎まなければなりません。とはいっても特におしゃれをする必要はなく、清潔感を大切にします。

鏡というと女性が使うものというイメージがありますが、男性にも必要です。

男性も、表情、皮膚のツヤなどを、鏡でチェックするとよいでしょう。優しい表情の男性はたいへん好感をもたれます。また、女性は男性の肌に注目していることが多いのです。一般的に女性の多くはきれいな肌の男性を好みます。荒れている肌はあまりかっこいいとはいえないでしょう。

女性が社会に進出し、だんだんハイクラスなところにも女性の名前が並ぶようになりました。でもそれは一部の成功した女性であって、社会全体を見渡すと、男性が圧倒的に多いのです。

それだけ男性は、仕事のうえでたくさん人に会っているということですから、やはり鏡を見て、自分の内面がどう映っているのか、あるいは髪型、肌ツヤなどをチェックすることが大事でしょう。女性に接する機会の多い方は、特に鏡を見たほうがよいでしょう。

モノをていねいに扱うと変わること

私は自分の表情を磨くために、ほかのスタッフがどのような表情でお客様と接しているのかを観察しました。

すると、「あのような表情で接客したらお客様は心地よいに違いない」という表情をする人がいることに気づきました。そういう人は、お客様とのコミュニケーションもとてもうまく、お客様からご要望を引き出していました。

私はお手本となる表情を頭のなかで映像として置いて、自分もそうした表情ができるようにと心がけていました。

私が仕事をご一緒させていただいた方のなかには、いつも同じようにやわらかくて信頼感のある声のトーンでお客様とお話しし、いつも明るい表情で接しているという方が何人かいました。そういう方はマインドが高い位置でキープされている、気持ちのプロフェッショナルでもありました。

そうした気持ちのプロに共通しているのは、モノの扱いがとてもていねいだということです。

たとえば受話器を置くときも、とてもていねいにゆっくりと置きます。そこまでする必要がないと思えるくらい、何を触るのもていねいなのです。

私があるとき、「とても気持ちがいい」と伝えると、その方は、意識的にやっているといっていました。**モノをていねいに扱うことで、動作もていねいになり、心に余裕が生まれる**というのです。周りにいる人も気持ちがいい。反対に粗雑に扱うと、モノは壊れ、周りの人によくない影響を与え、自分の心にもさざ波が立ち、ほころびが出る。だから意識的にモノをていねいに扱うのだそうです。

私自身は、そうした人に学びながら、なるべくマインドを高く保とうと努力してきました。詳しくは、第8章でお話ししますが、毎朝起きたら鏡を見て自分に挨拶し、発声練習をしたり朝の心地よい空気を浴びたりして、気持ちをリセットしています。

声の通らない私が実践した、お客様との距離が縮まる「声の出し方」

第一印象において、表情とともに大切なのが、声の出し方と表現の仕方です。トーン、音量、話すテンポなどを、状況に応じて使い分けることができれば、お客様とのコミュニケーションによい影響をもたらすでしょう。

最初にご挨拶するときには、明るく、さわやかに、かつソフトにお話しします。

お客様に何かをご説明するときは、声のトーンを少し低めにして、はっきりとお話しすると聞き取っていただきやすいのです。

また、クレーム対応のときは、相手のお話を伺うという気持ちをつくり、声のトーンは少し落とし加減にします。ついついお客様につられて、大きな声になってしまったり、語気を荒げてしまうケースも見受けられますが、それではうまくいきません。落ち着いて、ゆっくりとしたトーンでお話しします。

じつは、私の声はあまり通る声ではありません。滑舌もよくないほうです。自分が普通に話すと、「ハ？」と聞き返されることが多いのです。

ヒルトン大阪にお世話になっている頃、お客様から、「聞こえない」「何をいっているのかわからない」「もっと大きな声で話して」とお叱りを受けたことがありました。

そこで、自分の声をカセットテープに録音してみました。

自宅で本を朗読したのを録ってみたり、友だちと話しているときにテープを回したこともありました。

聞いてショックだったのは、自分の声が思った以上に聞きにくいということでした。友だちとの会話では、私だけ何をいっているのかわかりません。

発声練習が一番いいといわれたので、声のレッスンに通ったこともありましたが、それでも、もって生まれた声を変えるのは難しかったようです。

そこで腹筋に力を入れ、喉を大きく開くイメージをもって、お話しするようにしています。そうしてから私の声はいくぶん改善されてきました。

もう一つ、**声質にかかわらず重要なのが話すスピード**です。いくら声がよくても早口でまくしたてたのではお客様に伝わりません。ゆっくりとしたテンポがよいのです。

その背景にあるのは、やはりマインドです。

いまお客様がどういうお気持ちなのかを察し、自分がどのような気持ちでお客様に接するか、何をしなくてはいけないかと思うことで、トーンとスピードは自然と変化していきます。

たとえば、お客様が元気な声の場合には、こちらもやや元気な声でご対応し、お客様が落ち着いた声を出されていたら、こちらも落ち着いた声でご対応します。

電話は〝笑声〟で二コール以内に

声の接客ということで忘れてはならないのが電話です。

ホテルには、お客様から予約のお電話が多数かかってきます。常連のお客様もいらっしゃいますが、多くは初めてのお客様です。お客様からのお電話に粗相があったために、ご機嫌を損ねてしまい、大切な機会を失うこともあります。電話では表情が伝わりませんから、よりいっそうの注意が必要です。

電話は二コール以内に出るようにします。通常は三コールで出るのが基本とされていますが、電話が鳴った回数は三回でも、お客様のほうでは四回鳴ったと思われている可能性があります。

以前、受話器から聞こえる呼出音と、実際に電話の鳴る回数は一致しているのだろうかと思い、実験したことがあります。

すると一コールずれていることがわかりました。受話器を通して聞く呼出音は四回なのに、電話機は三回しか鳴りませんでした。そういう場合には、二コールで出れば、お客様に「三回で出た」と思っていただけるのです。

でも、実際には出られないこともあったので、そのときは「お待たせいたしました」といって電話に出ます。特に五回以上鳴ってしまったときには、「たいへん長らくお待たせして申し訳ございません」といって電話に出ていました。

電話に出るときに大事なのが、**笑顔をつくって電話に出る**ことです。

すると**笑顔が言葉として伝わる**のです。私はこれを〝笑声《えごえ》〟と呼んでいます。そのような言葉は日本語にはありませんが、周りのスタッフにも「笑声で電話に出ましょう」といっていいました。

初対面の一分間を制する斜め四五度の立ち位置

さて、初対面のお客様との接客の話に戻りましょう。

初対面の三分のなかでも、**特に最初の一分間をどうすごすかが、お客様との人間関係をつくるうえでとても重要**です。ここで人間関係づくりの第一歩が踏み出せれば、のちにパーソナルなおもてなしをすることができます。このとき、大切なのはマインドです。相手の方を受け入れたいという思いや、自分を受け入れて欲しいという気持ちは絶対に欠かせません。

少し技術的なことにも触れておきましょう。

お客様と自分の立ち位置は、正面に相対するのではなく、少し斜めになることが大切です。お客様の斜め四五度あたりからご挨拶するほうがいいでしょう。

真正面に立ちはだかるのは失礼ですし、ややもすると威圧的でお客様に緊張感を与えてしまいます。特に日本人のお客様は、正面からのコミュニケーションを嫌う傾向にあります。お客様への敬いの気持ちを表し、警戒感を解くためにも、斜め四五度あたりからご挨拶するとよいでしょう。

ただし、関係性がある程度できていたら、真正面からご挨拶する場合もありますし、入ってこられた状況、お客様がいらっしゃる立ち位置などによって、いつも斜め四五度のポジションに立てるわけではありません。

「会釈」「通常のご挨拶」「ていねいなご挨拶」はどう使い分ける？

次にお客様へのご挨拶です。

このときも大切なのはスキルよりもマインドです。相手を敬い、感謝の気持ちをもってご挨拶することが大切です。

技術的には、お客様や状況に応じて、会釈と通常のご挨拶とていねいなご挨拶の三つを使い分けます。

会釈は一五度くらいで、軽く上体を倒し、目線は一メートル先を見ます。かなり親しいお客様の場合は、会釈がかえって親密さを示す場合があります。

通常のご挨拶では、三〇度くらい倒します。目線は五〇センチ先を見てください。

ていねいなご挨拶では、もっと深めの四五度から六〇度くらいにお辞儀します。このときの目線は足元を見るくらいです。手は指をそろえ、右手の上に左手を重ね、背筋をまっすぐ伸ばして顔を上げずに倒します。上体を起こすときにも注意し、ゆっくりと丁寧に起こします。速い速度でお辞儀を繰り返すと、軽薄な感じになりますから気をつけてください。

でも、これはケース・バイ・ケースです。

たとえば、東京と大阪ではご挨拶の仕方が変わります。東京のほうがよりフォーマルで、大阪で同じようにご挨拶すると「堅苦しい」という印象をもたれたり、「あの人、なんかええかっこしいだわ」などとおっしゃられることもあります。もちろん大阪でもきちんとしたご挨拶を好まれるお客様もいらっしゃいます。ですから状況や相手に応じたご挨拶が大切ということになります。

初対面で、感じのいいご挨拶ができれば、少なくとも悪い印象はもたれません。私はお

■挨拶の角度と目線の位置

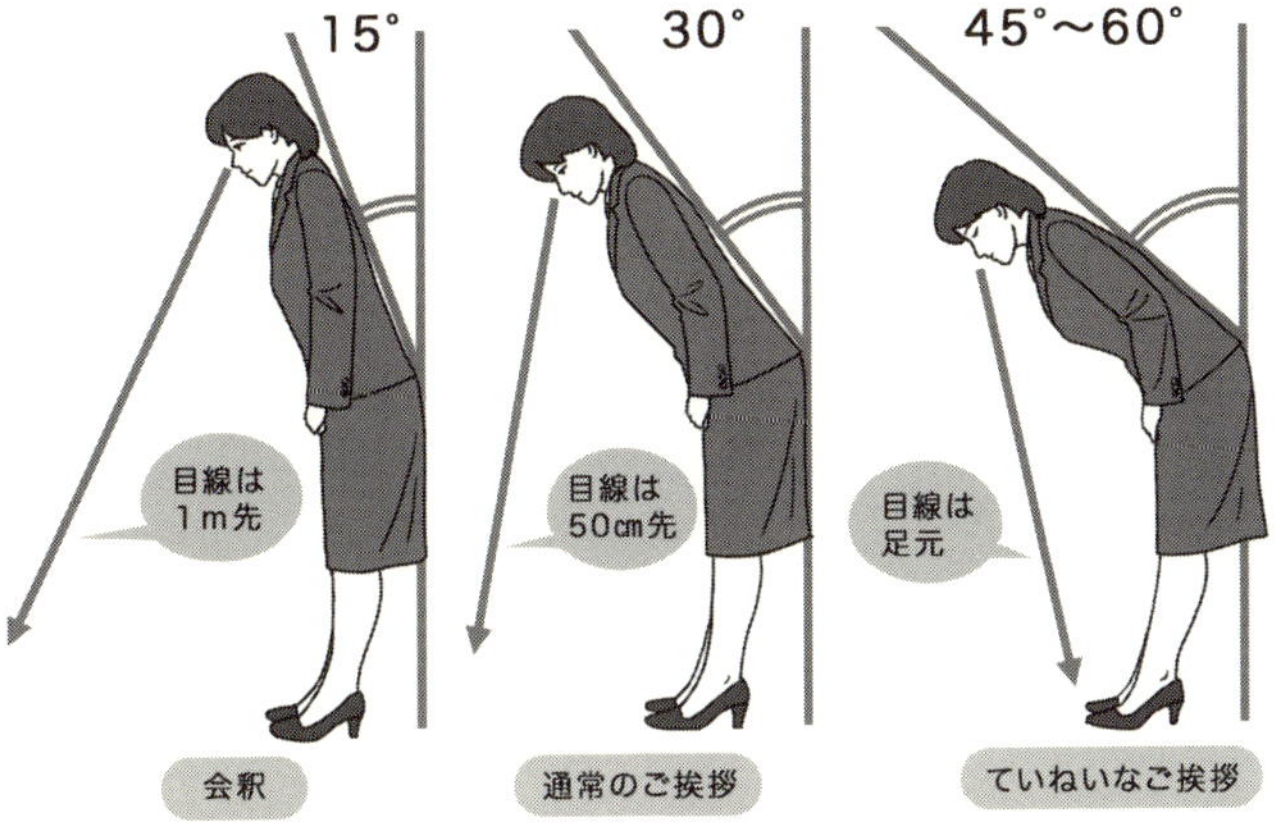

客様に対する感謝の気持ち、敬う気持ちをもち、**目の力を抜いて微笑むイメージ**をもっています。控えめに尊敬の念をもってお客様を受け入れるという気持ちで、ややゆっくりとお辞儀をするよう心がけるとよいでしょう。

接客するときは、そのお客様のすべてを受け入れるという気持ちをもってリラックスします。自分がリラックスしていることがとても大切で、こちらが緊張していると、それがお客様に伝染し、お客様が緊張されます。

お客様の緊張を解きほぐすには、お客様が返事をしてくださるようなご挨拶をすることです。

「いらっしゃいませ」の前には、必ずひと言添えて、

「○○様、おはようございます。いらっしゃ

いませ」「○○様、こんにちは。いらっしゃいませ」と申し上げます。

このようにいうと、お客様にも「おはよう」「こんにちは」などとおっしゃっていただけます。

さらにとても無難なやり方ですが、天気のお話をするのもよいでしょう。「○○様、こんにちは」とご挨拶したあと、「いいお天気になりましたね」とお話しします。

私が「お気をつけていってらっしゃいませ」といわない理由

ご挨拶に関連して、一つ注意していることがあります。

以前、ある女優さんが宿泊されていたときに、スタッフは「お気をつけていってらっしゃいませ」といいました。

ところが、その日、女優さんはラジオ番組に生出演されて、「いま泊まっているホテルで、今日出かけるときに、『気をつけていってらっしゃいませ』といわれて気分が悪かった」とおっしゃっていたのです。

「そこのホテルは、みなさんよくしてくださるのだけど、**『気をつけて』といわれると、**

何か不安な気持ちになるので、あれ、すごく嫌なの」とおっしゃっていました。

実際、そのように感じる方も多いことでしょう。

たとえばタクシーに乗られるお客様に、「足元にお気をつけてください」と申し上げたとき、「これから何か起きるの？」と聞かれたことがありました。

それ以降は、「お気をつけていってらっしゃいませ」ではなく、「**よい一日をおすごしください**」というようにしています。マイナスイメージのご挨拶をプラスに置き換えるようにしています。

初対面のわずかな時間でお客様と打ち解ける方法

お客様と気持ちよくご挨拶し、心を開いていただけたなら、そこから会話のキャッチボールが始まります。このなかでお客様のご要望を知ることができれば、初対面のお客様にもパーソナルなおもてなしをすることができます。

たとえば、気持ちよく挨拶を交わし、和やかな雰囲気になれば、お客様に「どちらへお出掛けですか？」と、お尋ねすることもできます。そして、レストランへ行く、バーへ行くということがわかれば、「よろしければ、私がご案内いたしましょう」と、お客様をお連れすることができます。

ザ・リッツ・カールトン大阪の館内には案内表示のようなものがありません。これはホテルマンとお客様のコミュニケーションが増えるための工夫でもあります。レストランやバーがどこにあるのかわかりにくいので、こうしてご案内させていただくと、お客様にとても喜んでいただけます。

こうした工夫で、初対面のわずかな時間でもお客様と打ち解けることはできます。会話をしていくなかで、「じつは今日は娘の誕生日なんですよ」などとお客様から情報をいただければ大成功です。その情報をほかのスタッフと共有し、おもてなしに活かします。

たとえば、お客様がレストランに食事にいらしたときに、レストランスタッフは、「○○様、お誕生日おめでとうございます」とお出迎えすることができるでしょう。「ハッピーバースデイ」の生演奏をプレゼントしたり、きれいに飾りつけたケーキをお出しすることもできます。

こうしたパーソナルなおもてなしをすれば、お客様に感動していただけることでしょう。初対面からの三分程度の時間のうちに、お客様によい印象をもっていただき、会話のなかから情報をいただけたことによって、パーソナルなおもてなしが可能となるのです。

クレーム対応時に私がやっている秘かな習慣

あるとき、誤解や勘違いから、ロビーで大きな声で怒鳴りながら、コンシェルジュカウンターのほうへいらっしゃったお客様がいました。

私はこういうとき、**必ずおなかにキュッと力を入れ**、「私は絶対大丈夫。お客様も大丈夫」と自分にいい聞かせ、落ち着きます。そのままの姿勢でお顔を見ながら、「**何がおありになったのか、お話を伺わせていただけますか？**」とやや小さめの声で、お願いしました。

このようなときは、先入観はもたず白紙の状態で「お客様のお話をお聞きしよう」と思うようにしています。自分勝手な妄想でお客様がおっしゃりたいことを、「きっとあのことについてお怒りなのだ」などと思ってはいけません。ただ、何をおっしゃりたいのかを伺おうという姿勢で聞くようにしていました。どういうことで私どもが怒らせてしまっているのかを教えていただきたいという感じです。

こうしたクレームはチャンスだという意識も忘れてはいけません。なぜならクレームは、お客様にとっての大事なご要望だからです。「ここが問題だ」「ここが気にくわない」という厳しいご意見は、「この問題を解決すればもっとよくなる」「ここを改善すれば、もっと好きになる」というお客様のご要望なのです。

伝説コンシェルジュが明かす情報収集アイテム

私はキャッチした情報はすべてメモに残していきます。

制服のポケットに入るサイズの小さなメモを自分でつくっていました。コピー用紙などの白い紙を小さく切り、それをホチキスでとめ、簡単なカバーをつけたものです。

これはヒルトン大阪に勤めているときからの習慣です。ヒルトンの制服のポケットはとても小さかったのです。そこに入るサイズのメモ帳を文具屋さんで探しましたが、気に入ったものがなかったので、自分でつくることにしました。

お客様との会話、お客様同士の会話のなかでつかんだ情報は、その場でメモにとっておきます。メモ帳は手のなかに入るサイズで、お客様から見えないように注意して、その場

■情報収集メモと三本のボールペン

で書きます。特にサプライズの演出の場合は、悟られたら失敗です。

たとえば、ご予約のときにお客様が、「こんど六歳になる孫の誕生日をしようと思って」などともらされることがあります。そういう情報をキャッチしたら、すぐにメモします。そうすれば当日、「○○ちゃん、お誕生日おめでとう」という小さなケーキに、ロウソクを六本立てて、プレゼントすることができます。

私は学生時代からメモをする習慣がありました。

たとえば友だちが誕生日の話をしていて、Aさんの誕生日が五月一五日とわかったら、メモに「Aさん、五月一五日」と書きます。そして、お誕生日カードを渡したり、「おめでとう」と声をかけたりしていました。

ペンは伸び縮みする小さなボールペンを使っています。

私はボールペンを常時三本携帯しています（前ページ参照）。一つは、秘密のメモを記入するときに使う伸び縮みするモノ、もう一つは、お客様の目の前で使うモノ、そして、お客様が貸して欲しいとおっしゃられたときにお渡しするモノの三本です。

ボールペンは、ある程度、よいものを使っていました。事務用品としてメジャーな透明のボールペンは使わないで欲しいと、ほかのスタッフにもいっていました。同様に、キャラクターのついているペンやノベルティグッズも、**非日常空間であるホテルで使うのは、**

プロ意識に欠けると思っています。

「少々お待ちください」と「少々お待ちいただけますか？」の大きな分かれ道

さて、本章ではこれまでお客様から情報を入手する大切さについてお話ししてきましたが、最後に情報を発信するときのことを付け加えておきましょう。

コンシェルジュは情報提供を求められるケースの多い仕事です。

お客様との初対面が、お客様からのご質問というケースがほとんどです。ですからお客様によい第一印象をもっていただくためには、この場面がとても大切になります。実際、これまでお話ししてきました「A社に入りたいんだけど……」「あの飛行機が買いたいんだけど……」といったご質問はすべて初対面のケースです。

このとき、まずは相手のお話をすべて聞き、ご要望にお応えします、という態度を示すことが大切です。間違っても「NO」といってはいけません。「NO」といわなくても、「そんなことわからない」とか、「何をいっているの、この人」などと思ってしまったら、それが態度や言葉のニュアンスからお客様に伝わってしまうことは、前にもお話ししたとおりです。

すでに知っていることならば、すぐにお答えすることができますが、そうでない場合は調べることになります。「勉強不足で申し訳ございません。すぐにお調べしますが、よろしいでしょうか?」と申し上げます。そのように申し上げてお叱りを受けたことは一度もありません。

お客様の質問に即答できないときなど、「少々、お待ちいただく」ケースはいろいろとありますが、「少々、お待ちください」というのは、ホテル側の都合で、お客様に待っていただくということです。いわば、お客様がどう感じているかを確認することなしに、一方的に店側の都合を押しつけている瞬間です。どんな状況であっても、自分たちの都合をお客様の承諾なしに、押しつけてはいけません。

あるコンシェルジュが、お客様から急なご要望を受け、「少々お待ちください」と申し上げると、お客様は「エッ!」といわれ、明らかに苛立った感じでした。ところが別のときに「少々お待ちいただけますか?」と申し上げると、「いいよ」と快諾してくださいました。

「**少々、お待ちください**」と「**少々、お待ちいただいても、よろしいですか?**」は、ほんの小さな違いですが、お客様の印象は大きく違っているはずです。

また、情報は生ものであると心がけるべきでしょう。昨日の情報が、今日は変わっているかもしれません。たとえば、昨日行ったレストランのメニューが、今日は変わっているかもしれません。季節限定メニューなどの場合、大いに考えられることです。

私はこんな失敗をしたことがあります。

お客様から「どこかよいレストランを教えて欲しい」というご要望があり、お客様の望まれているようなお店に心当たりがあったので、そこをおすすめしました。そこは「年中無休」と書いてあったので、確認しないで、おすすめしたところ、その日に限って臨時休業していたのです。お客様にはたいへんお叱りを受けました。

知らないときは「申し訳ありません。勉強させていただきます」

もう一つ、知ったかぶりは禁物ということです。

知ったかぶりをするつもりはなくても、お客様のおっしゃることに、「そうですね」など相槌を打ったために、どんどん話が深くなってしまうことがあります。そうなると「じつは知りませんでした」といえなくなってしまいます。

ヒルトン大阪に勤め始めた頃、ビジネスセンターにはウインドウズマシンとマッキントッシュマシンがありました。ウインドウズは日頃使っていたのでよかったのですが、マッキントッシュはあまり使ったことがなかったので知らないことがたくさんありました。

あるとき、マッキントッシュユーザーのお客様とお話しすることになり、私は何となくお話を合わせてしまいました。

お客様はそのときは何もおっしゃらなかったのですが、あとでアンケート用紙に、「ビジネスセンターにいた女性スタッフは知ったかぶりをした。あの人はマッキントッシュのことは知らないはずだ。**知らないなら知らないというべき**だ。もっと謙虚になりたまえ」と書かれていました。お客様は見抜かれていたのです。それ以来、知ったかぶりは絶対にしません。

知らないことに関しては、「そうなのですか。ありがとうございます。勉強になります」とか「これから勉強させてもらいます」と申し上げるようにしています。

ずいぶん前のことですが、お客様から忘れ物のお問合せがありました。お客様は「カットソーを忘れたのですけど」とおっしゃいました。当時はまだカットソーという言葉が一般的ではない頃でしたが、私は勉強不足でカットソーとは何かがわかりませんでした。

そこではっきりとお聞きしました。

「お客様申し訳ございません。カットソーとはどのようなデザインのものですか」と申し上げると、笑ってらっしゃいました。

それはプロとしていかがなものかと思う方もいらっしゃると思うのですが、知ったかぶりをするよりはいいと私は考えています。

お客様のなかには、会話を楽しみたい方もいらっしゃいます。会話のなかに知らないことが出てきたときは、「そうなのですか」「さようでございますか」と、**自分は知らなかったというニュアンスで**相槌を打ちます。あたかも知っているかのように、「そうですね」とは申し上げません。「そうですね」というときは、自分がある程度知識があるときだけです。

いずれにしても、お客様との会話の機会が多いということは、それだけお客様のお人柄やご要望をつかみやすいということです。これはおもてなしをするうえで、たいへんチャンスに恵まれていることなのだということを忘れないでください。

第3章

言葉にされないご要望を五感で感じ取る

米国人のお客様にご用意した三枚のメモ

ザ・リッツ・カールトン大阪のコンシェルジュカウンターに、米国人のお客様がいらっしゃいました。

「明日、京都の北山に仕事で行くんだけれど、新幹線チケットを手配してもらえませんか」

通常、ホテルから京都駅へは、ＪＲ大阪駅のほうが近いので、新快速電車でのご案内をすることが多いのですが、このお客様はどうしても新幹線をお使いになられたいということでしたので、新幹線チケットをご用意し、目的地までの行き方をご案内しました。

すると、お客様はにっこり笑って、「ＯＫ、ありがとう」とおっしゃり、立ち去ろうとされました。

しかし、**表情からも体全体からも不安な様子**が伝わってきました。

お客様の**目の様子を拝見すると、やや緊張されている**ことがわかりました。「目は口ほどにものをいう」といわれるように、目には緊張感や感情が表れるものです。

「お客様は、明日の京都行きをたいへん不安に思っていらっしゃる」

お聞きすると、お客様は日本に初めていらっしゃったとのことで、日本語はあまりおわかりになりませんでした。

そこで、目的地までの行き方、目的地からホテルまでの戻り方を英語と日本語で書いた**バイリンガルメモをつくってお渡しする**ことにしました。同じ意味の英語を併記することによって、お客様にもメモの内容がおわかりいただけます。

ホテルから新大阪駅までのタクシーへの指示は、私からドアマンにお願いすればよいでしょう。

ですから京都駅をおりて、タクシーの運転手さんに見せていただくためのメモとして、「こちらのお客様を北山までお連れください」というものが、まず一枚。

■バイリンガルメモの一例

和紙を買われたい方です。
売場までご案内いただけますでしょうか。
よろしくお願いいたします。ありがとうございます。

****

They would like to buy the Japanese papers.
Please escort them. Thank you.

The department of Japanese papers is 6th floor.
Please show this paper to a staff on the 6th floor.
Have a nice day!

お客様へのメッセージです。意味は……和紙のコーナーは6階です。
6階に上がり、このメモをスタッフにお見せください。
よい一日を！

の「こちらのお客様を京都駅までお連れください」というメモ。
そして、二枚目は、復路用として、北山でタクシーの運転手さんに見せていただくため
さらに新大阪駅をおりてタクシーの運転手さんに見せていただくための「こちらのお客様をザ・リッツ・カールトン大阪までお連れください」という合計三枚のメモをつくり、「もし、ご不明点ありましたら、ザ・リッツ・カールトン大阪の前田までお電話ください」と、ホテルの電話番号とともに書き添えました。

翌日の夕方、お客様は無事に目的をはたし、とても満足されたご様子でした。

昨日の不安なご様子がまるで嘘のように、晴れ晴れとした表情をなさっていたのがとても印象的でした。

お客様の目や体から発せられるサインを五感で感じ取る

お客様が言葉にされたご要望にお応えするのは、最低限のおもてなしであると考えています。

難しいことではありますが、お客様の口にされていないご要望を感じ取り、それを満た

すサービスを提供したとき、お客様に感動していただけます。

また、お客様がいつもご要望を的確に伝えてくださるとは限りません。

お客様の口でおっしゃったご要望と真のご要望が違っているときもあります。

たとえば、先ほどの京都に行かれたお客様のように、口では「ＯＫだ」とおっしゃりながら、内心不安を抱えているというようなこともあります。

ときには、**「そこまでしてくれなくていい」とおっしゃりながら、「本当はしてもらいたい」「してもらわなくては困る」**というケースもあります。

ですから、お客様が本当に望んでいることを察することがとても大切です。

特に男性のお客様、とりわけ日本人の男性が一番難しいように思います。同じアジア人でも、中国、韓国の男性のお客様は、ストレートにご要望をおっしゃってくださいます。日本人の男性のお客様はストレートにいってくださらないケースが多いのです。

ですから、お客様の真のご要望を想像する能力は、サービスに携わる人にとって非常に大切です。

お客様のご様子を拝見していれば、お客様のご要望が見えてくることもあります。

このとき五感のすべてを使います。**視覚**、**聴覚**、**嗅覚**、**味覚**、**触覚に加え**、**第六感**のようなものまでを総合的に働かせて、お客様のご要望を感じ取っていきます。

リッツ・カールトン時代、私はいつもコンシェルジュカウンターの前に立ち、ロビー全体を見渡していました。

体を少し動かしたりしながら、見るともなしに、お客様のご様子を拝見します。「木を見て森を見ず」という言葉になぞらえていえば、木ではなく森を見ているという感覚です。

歩行者信号で待っているときに、横断歩道の向こう側にいる人たちの様子を見ると、「あの人は悩んでいそうだ」「あの人は体のどこかが苦しいのではないか」などと感じることがあるでしょう。それと同じで、ある程度の距離をもち、お客様方を一つの集団としてとらえると、**異変を発している個の様子が浮かび上がる**ことがあります。

そうすることで、ご要望のありそうなお客様をいち早く見つけ、お声がけするようにしていました。「困っているお客様はいらっしゃらないか」と気をつけて見ていると、行動や目つき、顔つき、背中、体全体から発するムードなどから、「何か、困っていらっしゃる」と感じることができます。

いい方を変えれば、お客様の目や体から発せられるサインを感じ取るということです。助けを求めるアイコンタクトを送ってこられる方もいますし、困ったようにうつむいている方もいます。

もちろん、その段階では、具体的に何に困っているのかはわかりません。そこで、「何か、お困りのことはございませんか？」と尋ねてみます。特に男性のお客様は自分から「困っている」とはおっしゃらない方が多いので、こちらから尋ねることがとても大切です。

このときも大切なのはマインドです。お客様のために、自分ができることをお手伝いしたいという気持ちをもっていると、お客様が目には見えない救いの手を差しのべられているのを感じ取ることができます。

緊張度は瞳孔に、感情は瞳に表れる

先ほどお客様の目に緊張度や感情が表れるというお話をしました。具体的にいうと**緊張度は瞳孔に、感情は瞳**に表れます。

お客様の心境を察するときに、瞳孔はとても大切なヒントを与えてくれます。瞳孔は緊張しているときは小さくなり、リラックスすると大きくなります。

ですから、接客中はお客様の瞳孔の大きさを見ながら、「お客様は緊張なさっている」「リラックスされている」などと確認します。

先ほどの例でも、不慣れな京都行きを翌日に控えていたお客様の瞳孔は小さくなっていましたが、地図を書いて差し上げるとリラックスされたのでしょう。瞳孔は大きくなっていました。さらに翌日京都での仕事を終えて無事にホテルに戻られたときには、さらに瞳孔は大きくなっていました。

瞳孔の動きに気づいたのには、こんなきっかけがありました。

あるとき、私がロッカールームに行くと、後輩の女性スタッフが泣いていました。あとで事情を聞くと上司に叱られたのだそうです。私が「たいへんだね」と声をかけると、彼女は「はい」といって顔を上げました。

そのとき、彼女の瞳孔がいつもよりも小さくなっていました。なぜ瞳孔が小さくなっていたのかと調べてみると、人間の瞳孔は脳と連動しており、**脳が緊張しているときには瞳孔が小さく**なり、**脳がリラックスすると瞳孔が大きく**なるとわかりました。

ただし、瞳孔の大きさは光の量に左右され、光量が強い場所では瞳孔は小さくなり、弱い場所では大きくなります。緊張度を推察するときには、光量のことをあわせて考えるとよいと思います。

また、人の心境、感情といったものは、瞳に表れます。あるとき一緒に働いていた先輩がずっと黙っているので、おかしいなと思って彼女の目を見ると、瞳に怒りが浮かんでいるのがわかりました。

瞳に心が表れることに気づいた私は、それを確かめるために、空港でヒューマンウォッチングをしました。私は飛行機が好きで、よく空港に出かけていました。空港ロビーはヒューマンウォッチングには最適でした。

空港はホテル同様、非日常空間です。再会や別れといったドラマもあります。カップルの瞳の様子を見れば、二人が再会したところなのか、別れるところなのかはわかります。

また、これから旅を楽しもうと思っている人の瞳は楽しそうですし、飛行機が嫌いで嫌々搭乗しようとしている人は、その気持ちが瞳に表れています。

さらに、搭乗時間が迫るにつれて空港スタッフの瞳が厳しくなっていったり、お客様でもチェックインの手続きが滞ったりすると、楽しい感情をたたえた瞳から、怒りの感情をたたえた瞳へと変化していくのがわかりました。

移り変わる状況によって、瞳は変わっていきます。たとえば会話中、あるひと言によって、うれしくなったり、気分を害したりすることがあります。そうした瞬間に、瞳も反応し、感情の移り変わりを映し出しています。

私はお客様の瞳を気づかれないよう、一瞬だけ拝見することがあります。すると、たとえばクレームで激しく怒っていらした方の怒りが少しずつおさまってきたとか、緊張が解けてリラックスされてきたなど、**お客様のお気持ちの変化がわかります**から、それを接客に活かすようにしています。

接客時に限らず、社員同士で話しているときなどにも、相手の瞳をそれとなくのぞきこみます。すると怒っている、焦っている、警戒されているなどの感情がわかります。

お客様とほどよい距離感を保つ方法

接客の際、お客様との距離感はとても大切です。

通常は一メートルくらいの間隔をあけて接客していますが、お客様の状況に応じて、この距離は長くなったり、短くなったりします。

まずは距離が近くなるケースです。お客様が内緒の話をされたいときに、お客様のほうから近づいてこられます。ですからお客様から近づいてこられたときは、**秘密の会話が始まるサイン**だということです。

特に、男性の場合は重要度の高いケースが多いように思います。

ご年配の女性が、「あなた、息子の嫁にいいと思うのだけどどう？」とか、「俳優の○○

さんが泊まっているの？」などおっしゃることがありました。秘密の話ではありますが、重要度はあまり高くないように思います。

でも、男性が近づいてこられるときは、切羽詰まった感じで、「ご相談に乗っていただきたいのですけど……」という感じです。このようなときは、恋愛に関する相談が多いのです。

冒頭にお話しした「アイスツリーからリングを落として欲しい」というご要望の男性も、後ほどお話しする「スイートルームにバラを敷き詰めて欲しい」というご要望の男性も、コンシェルジュカウンターに来られたときは、身を乗り出されていました。

このときに、こちらは**冷静さを保ちながらも、やや身を乗り出すようにして**、「どうなさいましたか」とお聞きします。こちらもお客様に同調して、やや身を乗り出すことによって、お客様は話しやすくなります。

お客様は、気持ちは前に出ているのですが、「こんなことを相談して大丈夫なのだろうか」「うまく伝えられるだろうか」などと不安になっています。積極的に聞く姿勢を示すことで、お客様は落ち着かれます。

また、相談に見えたものの、まだ気持ちの整理ができずに苛立っている方もいらっしゃいます。このような場合は、こちらが身を乗り出すと、お客様はすぐに用件を伝えねばならないという気持ちになり焦ってしまいます。

ですから反対に少し引いて、ゆったりと構え、リラックスした雰囲気を相手に伝えようと意識します。まずはお客様に落ち着いて考えていただくのです。

いずれにしても、自分ができることをお手伝いしたいという気持ちをもって、**目に見えない手をそっと差しのべるというイメージ**です。

香りや手の温かさからもお客様の心を想像できる

第1章で、「アイスツリーからティファニーのエンゲージリングを」というお客様の話をしましたが、そのお客様と打合せをしていたコンシェルジュは、「あのお客様は歯医者さんかもしれませんよ」といっていました。打合せのとき、わずかな消毒液のにおいをキャッチしていたのです。

このようにお客様のパーソナル情報を推察することはよくあります。

たとえば、フレグランスによって、さわやかな香りがお好みか、甘い香りがお好みかが推察できます。

また、瞳孔の大小によってお客様の緊張度を計るというお話をしましたが、握手によってもそれができます。

日本人同士で握手をする機会は稀ですが、外国人のお客様の場合、握手を求められる方がけっこういます。握手がコミュニケーションの方法として確立しているのです。

そのようなときにお客様の手に触れると、寒い屋外からいらしたばかりではないのに、冷たい方がいらっしゃいます。これは**緊張のサイン**です。逆に手が温かい方は、リラックスしているか、眠い方です。

ご予算をさりげなくお聞きするには

お客様の言葉にされないご要望を知るためには、五感を駆使して、お客様の様子をさりげなく伺うことがとても大切なのです。

お客様がどういう方なのか、どのようなお仕事をされているのか、どんなご要望をおもちなのかなど、こうした情報をキャッチしたうえでサービスするのと、何も知らずにサービスするのとでは、ずいぶんと違いが出ます。

そうしたことに気をつけていると、次第に心配りのあるおもてなしができるようになります。

簡単な例でお話ししましょう。

お客様にレストランを提案する場合、ご予算が大きな問題となります。

だからといって、「ご予算はおいくらくらいですか?」とストレートに聞くわけにはいきません。まして、女性が隣にいらっしゃる場合には、各レストランがどの程度の値段なのかを伝えることもたいへん難しいものです。

「このレストランはいくらくらいで、こちらの場合は……」などと話をしたら、雰囲気を壊してしまうかもしれません。

そこで私は、「こちらのレストランでは、このようなメニューをご用意しています」と料理の内容を説明しながら、さりげなく男性に料金が見えるよう差し出します。

目の前のお客様が、料金のことを気にしているかどうか、本当のところはなかなかわかりません。そんな素振りをまったく感じさせない方であっても、ひょっとしたら心のなかで気にしているかもしれません。その可能性も考慮し、さりげなく料金についてお伝えします。

また、男性がお一人でコンシェルジュカウンターにお見えになった場合でも、同席されるのが男性のみなのか、女性もいらっしゃるのか、プライベートなのか、仕事なのかなども確認します。

用途に応じて、求められる条件は違ってきます。商談に利用するケースであれば、個室が必要になる場合も多いですし、反対に個室は絶対に嫌だという方もいらっしゃいます。

そういったご要望を聞いたり、お客様の雰囲気を感じ取ったりしながら、お客様のお役に立つご提案ができるように気を配っています。

そのほか、記念日のサプライズとして小さなアレンジメントをご用意させていただくときにも、いろいろなことを感じ取ることが大切です。

このときに大事にしていたのはお花の色です。

私たちにお花の内容が一任されているときは、そのお客様がどういう感じのお洋服を召されているか、どういう色合いのものを身につけていらっしゃるかを、観察しました。大きく分けて甘い感じのものがお好きな方、大人っぽいものがお好きな方がいらっしゃいます。

それは、バッグのデザイン、お洋服、髪型などから想像することができます。

東京ベイコート倶楽部の極上のパーソナルサービス

この章の初めに、お客様が口に出されたご要望にお応えするのは、最低限のおもてなしであると考えているとお話ししました。

お客様の言葉にされないご要望を感じ取り、それを満たすサービスを提供したとき、お客様に感動していただけるとお話ししました。

東京ベイコート倶楽部では、まさにこの部分が大切になっていくと考えています。

東京ベイコート倶楽部は会員制倶楽部ですから、お客様の情報は事前にホテル側がもっています。誕生日はわかっていますし、好きなものもわかっているのですから、普通のホテルではサプライズに当たるものが、ここでは当たりまえになっています。

ですから私どもはそれを超えたサービスを展開していこうと考えています。

それはひと言でいえば、いまお客様がお求めのものを提供するということです。それにはこの章でお話ししてきたような五感で感じる力がとても大切になります。

お客様がいま一番欲していらっしゃるものを、お客様の想像を超えた形で提供し、サプライズを超えたサプライズをご提供できればと思っています。

第4章

男性に求められるサービス、女性に喜ばれるサービス

「どうもこうも、君は私に恥をかかせたんだ」

ある男性のお客様から、関西で一番美味しくて、一番高いステーキ屋さんを紹介して欲しいというご要望を受けたことがあります。

その方は、

「神戸牛が食べたいんだ。別に大阪に限らなくてもいいよ。多少遠くてもタクシーで行くからかまわない」

とおっしゃいました。

私はすぐに、ある高級ステーキ店を思い出しました。そこはステーキ一人前が六〜七万円するのですが、お客様は「お金ならいくらでも出す」とおっしゃいます。

そこで、「じつは、やや距離があるのですけども、非常に有名で、美味しいとされているところがあるのですがいかがでしょうか」と、おすすめしました。

夜一〇時半頃、そのお客様がホテルに戻られ、私のところにいらっしゃって、思いきり怒鳴られました。

「どうしてくれるんだ。私に恥をかかせて」

「どうされましたか」

「どうもこうも、君は私に恥をかかせたんだ」

「お口に合わなかったでしょうか」

「いやステーキは美味しかったよ。美味しかったけどね、払ったお金がたったの二五万円じゃないか」

私はしばし絶句しました。

お客様はもっと高い値づけを設定されていたのです。「高い」「安い」というのは個人差があるということを、改めて勉強した思いでした。

私ははっきり謝りました。

「申し訳ございません。私の知識のなかでは、あそこが一番美味しくて、一番高級なステーキ屋さんだと認識しておりましたので、よろしいかなと思っておすすめしたのですが、不勉強でした。大変失礼いたしました」

するとお客様はだんだんクールダウンされ、「もっと勉強しなさい。あなた」といわれて、お部屋に上がっていかれました。

このことから、私は**人の価値観には大きな差がある**と再認識しました。価値観に違いがあると、頭では理解していながらも、どうしても固定観念に引きずられてしまうものです。

お客様にパーソナルなおもてなしをするうえで、そのお客様の価値観を知ることはとても大切になります。

「美味しい」「まずい」の受け止め方は人それぞれ違う

コンシェルジュに寄せられる質問で多いのが、「どこかよい食事をするところはないか」というものです。

私がお受けしたご質問の多くは、「今晩、美味しいものを食べたいのだけど、何かいいところない？」というものです。

「何か美味しいもの」というご要望は、とても幅が広いのです。

そこで「召し上がりたいお料理は和食系ですか、洋食系ですか」と、ご希望のジャンルをお聞きします。

そのうえで、「イタリアンでしたらこんなお店がございます」「フレンチでしたらこんなお店がございます」と、まずは館内のレストランをおすすめします。そうすると、館内で召し上がってくださる方が半分くらいいらっしゃいます。

そのほかの方は、「外に行きたい」とおっしゃいます。その場合には、距離的にどのあたりまで行けるのかをお聞きします。つまり、ご希望のお料理のジャンルと、距離によってお店の絞り込みをするのです。

おすすめするお店は、自分で行ってよいと思ったところ、雑誌で紹介されていて資料を取り寄せたお店など、さまざまです。

お店の様子はできるだけ詳しく説明します。

「接客はまずまずですが、味は美味しいです」「非常にムードのいいお店ですが、味はまずまずです」などです。メニューを取り寄せていたお店もあるので、それらについてはお客様にメニューを見ていただき、それを参考に選んでいただきます。

「高い」「安い」もそうですし、「美味しい」「まずい」もそうですが、それぞれ基準が違います。

たとえば、「お好み焼き屋さんで、一番美味しいところを教えて」というお客様はけっこういらっしゃいますが、その方にとっての「美味しい」とはどういうものなのかを察することはまずできません。

そういうときは、何店かお出しして、焼き方やお店の雰囲気、サービスなどを具体的にお伝えします。「おいしい」といっても、ふわふわなのがお好きな方もいれば、固いのがお好きな方もいらっしゃいます。そこで、材料をご提示して、最終的にはお客様に選んでいただきます。

「思い込みはいけない」と悟った幼少時の体験

サービスをしていてつくづく思うのは、思い込みはいけないということです。人それぞれに「よい」とする価値観は違います。

私は子どもの頃から、似たようなことを考えていました。

小学校三年生のとき、父親が体を悪くして、四国の母の実家の世話になったことがありました。四国では、大阪の子どもは言葉の問題もあってなかなか受け入れてもらえません。習慣もずいぶん違っていました。体育の授業はすべて裸足で、砂利の上を走るのです。大阪では運動靴を履いていましたから、私は三歩くらいしか歩けませんでした。結局先生が、この子には無理だと思ったのでしょう。私だけ運動靴を履くのを許されました。するとまた、「あの子だけ何で?」となります。

四国にいたのは一年間ですが、とても長く感じました。その後、大阪に戻ってきたのですが、ここでも挫折がありました。以前の私は学級委員をやったり、成績もまずまずよかったりして、友だちも多かったのですが、戻ってきた私は、以前とどこかが違っていたようです。

つらい時期が、ネガティブな自分をつくってしまったのかもしれません。かつての天真爛漫な私はいなくなりました。大阪に比べると四国の学校は授業のスピードもゆっくりでしたから、大阪に戻ってきた私は授業についていくこともできませんでした。昔は仲よく遊んでいたみんなの輪のなかに入っていくこともできなくなっていたのです。

ようやく大阪に帰ってきたと思ったら、再びつらい時期が始まり、小学五年生のときはたいへんないじめられっ子でした。

さすがにこのままではいけないと思いました。

中学に入学すると、違う小学校だった子もいるので環境は大きく変わりました。そこで自分も変わろうと決め、まず引っ越しする前の自分を思い出しました。みんなが親しんでくれていた時代の自分を思い出すようにしたのです。小学一年生のときの写真を出してきて眺め、いま思うとイメージトレーニングのようなことをしていたのでしょう。

その時期に、気づいたことがありました。

それは価値観というものは、人それぞれ違うということです。自分がいいと思っていることが、ほかの人にとってもよいとは限りません。人に喜んでもらうには、自分がいいと思うことをするのではなく、その人が望んでいることをするのが大切なのだと気づきました。

たとえば、気分悪そうにしているとき、私の場合、「どうしたの?」と心配してもらいたいのです。でも、そうされるのが嫌な人、そっとしておいて欲しいという人もいます。そんなことに気づきました。

後日、私の父が他界したとき、私は友だちから「たいへんだったね。どうしたの?」と心配してもらえたことが心の支えになり、感謝の気持ちでいっぱいになりました。ところが別の友人がお母様を亡くされたとき、彼女は周囲から「たいへんだったね。どうしたの?」といわれたことを、「こんなときに、ひどい」と嘆いていました。「なぜそっとしておいてくれないの」といっていたのです。

会社でもそうです。

たとえば仕事に疲れてくると、チョコレートや甘いモノをすすめるときがあります。そのとき、「チョコレートをいますぐ食べたら絶対に楽になりますよ」というおせっかいな自分がいるのです。すぐに食べる人もいますが、食べない人もいます。食べてくれるとうれしい自分がいて、食べてくれないと「何でいま食べてくれないのだろう」と不満に思う自分がいます。

でも、食べない方は、いま食べたくないから食べないのです。人それぞれ違うので、自分のいいと思うことを、あまり強要してはいけないと、毎日学んでいます。

こうした経験はお客様へのサービスをするうえで、貴重な経験となりました。お客様はそれぞれ望まれているものが違います。目の前のお客様のご要望をきちんと、その方が本当に望むサービスを提供するのが一番です。

男性と女性では接客方法が違う？

男女差というものもあります。

男性と女性ではコミュニケーションの方法に違いがあります。

私のこれまでの経験では、男性は核心部分しか話さない方が多いようです。

たとえば、パソコンのトラブルを抱えている場合、どんな問題なのか、いつまでに、どのように解決しなければならないのかなど、必要最低限の情報についてのみ話されます。

そこでこちらとしても、端的に話をするように心がけます。すぐにパソコンメーカーに電話したほうがいいのか、ホテルではどんな対応が可能なのかなど、無駄のない話をして、即効性の高い提案をします。

一方、女性の場合は、周辺の情報を含め、トータルに話をする傾向があります。たとえば、「昨日、京都に行って〇〇と××を観光して……それから素敵なカフェを見つけて、そこでご飯を食べて……帰りのバスでパソコンを落としてしまって、それでとても困っているの」といわれたことがありました。問題の核心に行き着くまでに、いろいろな話題が登場するのです。

そのような話し方のお客様であれば、

「そのときの詳しい状況を教えていただけますか?」

とか、場合によっては、

「京都では、ほかにどちらへ行かれたのですか?」

などと、抱えている問題とは直接関係のない質問をすることもあります。そうやって、ゆっくりとお話をしながら、お客様の心情や希望、問題点、優先順位などを確認して、最も適した対応をご提案します。

女性には〝言葉地図〟のほうが好まれる

コンシェルジュはお客様からある場所への行き方を聞かれることが多く、その場合には、ご説明と同時に地図をお渡しします。

地図というと道路や鉄道、目印、目的などを図にまとめたものが一般的ですが、言葉で行き方を説明した〝言葉地図〟のほうが喜ばれるケースもあります。言葉地図とは次ページのようなものです。

普通の地図は男性に好まれ、言葉地図は特にご年配の女性に好まれる傾向があります。言葉地図をつくろうと思ったきっかけは、自分が「地図の読めない女」だからです。地図を渡されるよりも、言葉で目的地までの行き方を教えてもらったほうが、わかりやすかったのです。そのとき、「もしかしたらお客様にもそういう方がいらっしゃるかもしれない」と思い、言葉で地図を書こうという発想が浮かびました。

こうした地図以外でも、日常生活において自分が困っていること、自分が苦手とすることを逆手にとらえ、お客様へのおもてなしのアイデアにすると、喜んでいただけるケースはあると思います。

■言葉地図と通常の地図

・○○駅の２番出口を出て上がります。

・正面の道を右に向かって
２００メートルほど歩くと
交差点があります。

・その交差点の左角にはお花屋さんが
あります。

・交差点を引き続きまっすぐ
１００メートルほど歩くと
交差点があります。

・交差点の左角にＡハイムという
マンションがあります。

・そこを左に曲がると
１０メートルほど先に
目的のお菓子屋さんがあります。

言葉地図

通常の地図

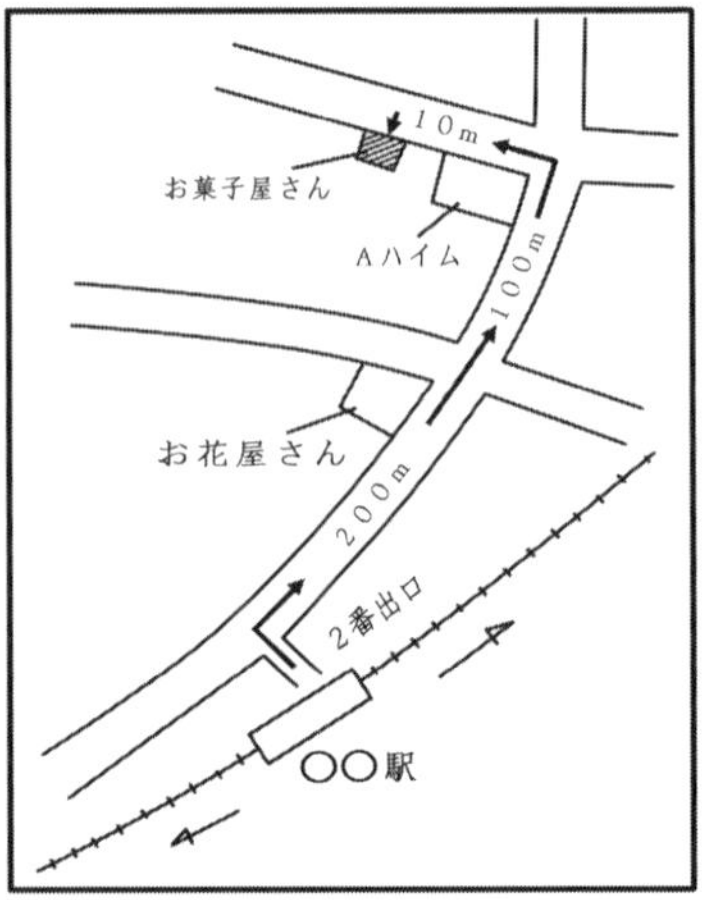

同じお客様でも気配を察し接客を変える

　また、お客様への対応が、いついかなるときも同じというわけではありません。同じお客様でも、状況によって対応を変える必要があります。

　お一人のときは親密な接客を求められる方でも、お二人以上のときはライトな接客を求められるという方がいます。また、仕事が忙しいときには、仕事以外の余計なものをシャットアウトしたいというお客様もいます。

　たとえば、男性のお客様では、お連れの女性が変わっているケースもあります。そういうときに、「先日はありがとうございました」などと申し上げたら、たいへんなことになります。

　こういう場合、まずドアマンが、「○○様が今日は二○歳くらいの女性と一緒です」とインカムを使って連絡します。それだけでホテルスタッフは対応について準備します。でも、お客様のほうからも、「今日はあまり話しかけないで欲しい」という雰囲気を出されています。

ホテルマンはお客様のご様子を観察し、その雰囲気を察知しなくてはなりません。たとえば、日頃フレンドリーな対応をなさるお客様が、そっけない態度をされたときには、こちらも合わせます。

パーソナルなサービスをするにあたり、お客様の価値観や状況をよく見定めて、臨機応変なおもてなしをすることが求められています。

第5章

プレミアムなおもてなしを実現する社内のチームプレー

リッツ・カールトンで「飛行機を止めてくれ！」と涙ぐむお客様

ザ・リッツ・カールトン大阪に勤務しているときのことです。

米国人男性のお客様が突然、**「飛行機を止めてくれ！」**とおっしゃいました。

滞在中、いつも穏やかに挨拶をしてくださった方が、顔色は青ざめ、涙を浮かべ、足早にコンシェルジュカウンターに近づいてこられたので、「ただならぬ何かが起きた」と思いました。

男性は「飛行機を止めてくれ、飛行機を止めてくれ」と繰り返しています。

まずは冷静になっていただかなくてはなりませんし、それには私が冷静であることが大切です。

私はいつものように、**下腹部にキュッと力を入れ、そこに意識を集中**しました。

そうすると上気して頭に上がりかけた血液が、再び静かに下に降りてゆくような感覚が私にはあります。そして、お客様にも冷静になっていただけるように、ソフトな表情を浮かべ、「何をしたらよろしいですか」と努めて穏やかな口調でお聞きしました。

Keep a plane for me!
まず自分が冷静に

お客様は「すぐに出発したい」とおっしゃいます。

お父様が危篤状態で、どうしても今日の飛行機に乗って帰らなければならないというのです。お客様は翌日も滞在予定で、二日後に日本を発つ予定でした。

でも、目的地までのフライトは一日おきでしたから、今日発たないと、明後日になってしまいます。これでは間に合わないかもしれないということで、いますぐ発ちたいとおっしゃったのです。

離陸まであと一時間強しかなく、とても間に合いそうにもないという状況でした。

この男性がコンシェルジュカウンターにやってきたとき、男性の尋常でない様子を感じ取ったのでしょう。ベルマン三人が、私のほうを見ていました。彼らはすでにスタンバイOKという状況でした。

日頃から、ロビーでお困りのお客様はいないかと見たり、コンシェルジュカウンターでお客様と対応しながら、同時にベルマンの動きを見ていました。

それはベルマンがいま忙しいかどうかを確認するためです。ベルマンの状況を確認せずに、仕事をお願いしてもうまくはいきません。ほかの仕事をしているのに、新たなお願いをしたら、仕事は滞ってしまいます。ですから**ベルマンの様子を確認しながら、アイコンタクトで**仕事をお願いします。

こうした動作と判断が一体となっているケースはスポーツでは当たりまえのようにあります。

たとえば、バレーボールであれば、ボールの行方も見ながら、相手プレーヤーの動きを見て、同時に味方プレーヤーの動きも見ます。サッカーでは誰かがパスをとった瞬間、味方のプレーヤーは次のボールの動きを予測して、一見、ボールとは関係ない場所へ走り出したりします。でも、ボールを奪ったプレーヤーはその走り込んでいる数メートル先にパスを出したりします。

視野を広くもちながら、次に何が起こるかを先読みして、行動するということが、ホテルのサービスでもよく行われています。

ベルマン、フロントクラーク、ドアマンに協力要請

そこで私は、お客様には「すぐ着替えてください」とお願いし、ベルマンに「○○様がすぐに出られなくてはいけないので、誰か一緒に部屋に上がって、荷物の梱包を手伝ってくれませんか」となるべく静かなトーンで伝えました。

ベルマンは、ロビー周辺でのお客様の状況とまだ別のベルマンが二人待機していることを瞬時に確認したうえで、「わかりました」と三人一緒にお客様の部屋に急行してくれました。

お客様は翌日も宿泊されるご予定でしたから、お荷物を広げていらっしゃったはずです。それでも「三人上がってくれた。お客様も含めて四人だから、荷物の梱包にはあまり時間がかからないだろう」と思いました。

次に私はドアマンのところへ行き、「関西国際空港までお急ぎのお客様がいらっしゃるので、タクシーを一台待機させてくれませんか」といいました。ドアマンも緊急事態であることを感じたのでしょう。タクシーとともにその場に一人が待機してくれました。

次にフロントです。「○○様がチェックアウトされます。冷蔵庫の使用はないそうです。すぐにビル（領収証）を出してください」

ベルマン、ドアマン、フロントクラークにそれぞれお願いしたあと、私は航空会社に連絡しました。

明後日の航空券をもっているお客様が、事情があってどうしても今日の夕方のフライトで発ちたいとおっしゃっていることを伝えると、電話に出られた航空会社の方は、「ご事情はよくわかりますが、航空券の変更はできませんし、なおかつフライトまでの時間がもう一時間を切っています。いまホテルを出られたとしても、ここまで梅田からだと一時間はかかりますよね。申し訳ないのですけど無理です」とおっしゃいました。

私は何とかねばならなくてはと思いました。

「そこのところは何とかなりませんか。ともかくどうしても今日発たないといけないのです。**命に関わることなのです**」

「いろいろなご事情がおありだとは思いますが、時間的に見ても、状況的に見ても、もう不可能だということしかお答えできません」

理念を共有する四つ折りカードの秘密

コンシェルジュカウンターで電話をしている私の目の前を、荷物をもったベルマンとお客様が足早に通りすぎていきます。

すぐにチェックアウトをすませると、ドアマンが待たせておいたタクシーに乗り込み、お客様は空港に向けて出発されました。

私は時計に目をやりました。

最初にお客様がコンシェルジュカウンターにいらしてから、一〇分強しかかかっていません。ベルマン、フロントクラーク、ドアマンそれぞれの尽力と連携プレーの賜物でした。こうしたことができるのは、やはり「クレド」が各スタッフに浸透していたからではないかと思います。

リッツ・カールトンの教育は、基本的には「クレド」というリッツ・カールトンの理念や使命を凝縮した不変の価値観を学び、その後は毎日の実地のなかで自分を高めていきます。

リッツ・カールトンのスタッフは全員、**四つ折りのカード**をいつでも胸に忍ばせています。それが「クレド（信条）カード」です。

リッツ・カールトンはクレドの精神を、各スタッフに浸透させるため、継続的に内容を咀嚼する機会を設けていました。

さて、あとは私が何とか航空会社にお願いしなければ！

私はねばりました。

「そこのところを何とかなりませんか」

そんなやりとりが一五分ほど続きました。

最終的に航空会社の方が、「やれるところまではやってみます。ただ、こういう例はあ

りませんので、まず無理だと思ってください」とおっしゃったあと、

「もうそのお客様はホテルを出ていらっしゃるわけですね?」

「もう出られました」

「関西国際空港に向かっていらっしゃるのですね」

「向かわれています」

「わかりました。また連絡します」

とおっしゃって切られました。

フライトの予定時刻がすぎ、緊張しながら電話を待っていたところ、四〇分、五〇分くらいしてからでしょうか。航空会社から電話がかかってきました。

「結論から申しますと、ご搭乗されましたのでご安心ください」

状況は五分五分といったところでしたが、最終的にはフライトの時間を二三分ほど遅らせて、そのお客様は無事飛行機に乗ることができました。

それから三日くらいして、そのお客様から国際電話がかかってきました。飛行機に乗れたということと、お父様がもう意識はなかったけれど、息があるときに会えたから、ありがとうとおっしゃっていました。

「一八万円以内で、スイートルームの床にミモザとバラを一〇〇本敷いて欲しい」

もう一つエピソードをご紹介しましょう。これは「はじめに」で少し触れた話でもあります。

ザ・リッツ・カールトン大阪にお世話になっていたときに、ある三〇代前半の男性のお客様から、プロポーズについてのご相談を受けたことがありました。

その男性は、お相手の女性から、「ホテルのスイートルームでフランス料理を食べたい」「**スイートルームの床にミモザとバラの花を一〇〇本敷き詰めて欲しい**」というリクエストを受けていました。

しかし、今回お客様がご用意できる金額は一八万円でした。その予算内で何とかできないかというご相談だったのです。

そもそもスイートルームのお値段だけで一八万円になってしまいます。そこにフランス料理とお花の金額が加わります。普通に考えれば、三〇万円以上かかってしまう計算です。

お客様は何とか女性のご要望を実現させて、プロポーズしたいとおっしゃっていました。

私は、できる限りのことをして、女性のご要望をかなえて差し上げて、男性の思いを伝えるお手伝いをしたいと思いました。

さっそく、私は営業担当に掛け合って、部屋代をパッケージにするなどして、何とか安価に抑える方策を考えました。

料理に関しては、シェフに協力してもらって、安い食材を使いながらも、質を落とさないよう、さまざまな工夫を施して、フルコースを用意してもらいました。

クレドが生んだ営業マン、シェフ、お花屋さん、バーテンダーのチームプレー

問題はミモザとバラでした。

黄色のポンポンのようなかわいいミモザの小さな花は、花の少ない四月頃、春の訪れを知らせてくれます。

しかし、そのときは初冬で、ホテル内のお花屋さんにミモザはありません。一方のバラの花は一本八〇〇円していました。一〇〇本敷き詰めたら八万円になります。それでは予

算オーバーになってしまいます。

私が考えたのは、今回用意するバラの花は、女性がホテルのスイートルームに入るその瞬間のため、床に散りばめるだけにあるという点です。花瓶に入れて何日も楽しむものではなく、彼の思いの大きさを示すその瞬間のために必要なわけです。

そこで、ホテルに入っていたお花屋さんに出向いて、「一日だけもてばいいので、もう少しで商品として店頭に出せなくなるようなバラを安くしてもらえないでしょうか」と相談を持ちかけたのです。

お花屋さんのほうも協力してくれて、何とか一〇〇本のバラを用意して、最終的には一八万円ちょっとの金額でおさめることができました。私はベッドの回りの床にバラを敷き詰め、その後、ベッドの上にバラの花びらを散らしました。また、ブーケ風にアレンジし、バスルームにも飾りました。

残る課題はミモザでした。お花屋さんも「いまの季節にはどこにもミモザはありませんよ」と困った顔をしていました。

ミモザはついに手に入れることができず、もはやこれまでかと思ったとき、この様子を聞きつけた**バーテンダーが**、「**それならばミモザというカクテルをお出ししたらどうでしょうか**」というアイデアを出してくれました。

ミモザは、「この世で最も美味しく、贅沢なオレンジジュース」といわれるカクテルです。鮮やかなミモザの花に似た色であることから、この名前で呼ばれるようになりましたが、もともとはフランスの上流階級で「シャンパン・ロ・ランジェ」と呼ばれ、愛飲されていたそうです。

当日、女性は男性のご用意された演出にとても感激されていました。そして、女性はプロポーズを受け、ご結婚なさることが決まりました。

営業マン、シェフ、お花屋さん、バーテンダーの協力なくして、このサービスはなしえないものでした。リッツ・カールトンのクレドに基づく、お客様第一主義という姿勢が結集したのだと思います。

協力していただいたスタッフへ感謝の気持ちをどう表すか

これまでお話ししてきたサービスの例を思い出してください。

いずれも多くのホテルスタッフが関わっていることにお気づきになるでしょう。質の高いサービスは、一人で実践できるものではありません。多くの仲間の力を借りながら仕事が成り立っているのです。

したがって協力していただいたスタッフへの感謝の気持ちはとても大切な要素です。

私の場合、協力していただいた日に、その方のところへ直接挨拶に伺いお礼を伝えます。

たとえば、「シェフのおかげで、お客様はハッピーで、とても喜んでいただけました。ありがとうございます」という場合もありますし、「ありがとうございました」のひと言だけの場合もあります。

シェフが忙しくしている場合は、気づかれるまで待って、遠くからお辞儀をするだけのときもありました。それだけでシェフはすべてを理解してくださり、にっこりと笑って片手をあげてくれます。

いろいろな方法がありますが、大切なのは「気持ちを伝える」ことです。

その翌日、もう一度お礼をします。翌日のお礼の仕方は相手の都合のよい方法を選びました。電話のほうが都合のよい方には電話で、電話をすると仕事の邪魔になってしまう方にはカードやメールを送ります。

そのときに、「**あなたがいなかったら、このサービスはなしえませんでした**」ということは伝えます。それはお世辞などではなく、本当にそう思うことですから、それをきちんと伝えるべきなのです。

助けて欲しいときだけ「お願いします」と頭を下げて、お客様へのサービスが終わったら、知らん顔というのはマナー違反ですし、たとえ次回に協力してもらえなかったとしても仕方ないでしょう。仲間への感謝の気持ちを忘れたときから、周りの協力を得られなくなるというケースもしばしば見られる光景のようです。

ザ・リッツ・カールトン大阪開業時に総支配人がスタッフをやる気にさせたエピソード

ザ・リッツ・カールトン大阪開業時には、スタッフが業務に慣れていないために、お客様にご迷惑をかけたこともありました。ホテルの立ち上げ時期というのは試行錯誤の繰り返しです。でも、立ち上げをともに経験したスタッフには強い結束感が生まれます。

たとえば、一時的ですが、チェックインに時間がかかり、ロビーに長蛇の列ができてしまったことがありました。

そのとき、手のあいているスタッフがオレンジジュースをお客様にお配りしたのですが、気がつくと、**総支配人までも「どうもありがとうございます」といいながら、オレンジジ**

ユースをお配りしていました。総支配人は米国人で、日本に来たばかりでした。カタコトの日本語でしたが、一生懸命お客様にご挨拶していたのです。

その姿を見て、私はありがたいと思いましたし、感動しました。ほかのスタッフも「よし自分もがんばるぞ」と奮い立つ思いだったと思います。

そして、それはお客様にも伝わっていました。

「あの方はどなたですか？」と、何人かの方に聞かれました。「総支配人でございます」とお答えすると、どなたも驚かれ、そのなかのあるご婦人が「総支配人の方があんなふうに手伝われるなんて……。このホテルに来て本当によかったわ」とおっしゃってくださったのです。

そのうれしいお言葉に、私は涙が出そうになるのをこらえました。

私にとっては、二重の感動でした。

また、ホテルのパンフレットが切れてしまったとき、総支配人自ら運んできてくれたことがありました。コンシェルジュカウンターの前に、ホテルのパンフレットを置いていたのですが、それが好評ですぐになくなってしまいました。五〇〇〇部くらい置いてあったのに、数時間であっという間になくなってしまったのです。

そのときコンシェルジュはお客様からたくさんのご要望を承っていたので、営業部までパンフレットをとりにいく時間すらありませんでした。ベルマンを見ても、誰もがみんな忙しそうでした。

営業に「すみません。パンフレットがなくなりそうなんですけど……」と電話すると、営業もてんてこ舞いの様子で、「こっちも人がいないんです」「何とかしますから、もう少し待ってください」「ないなりにやってください」と悲壮感が漂っています。

ところが、その五分後くらいに、総支配人が両手いっぱいにパンフレットを抱えて、「これでオッケー？」といいながらもってきてくれました。どこからかピンチを聞きつけ、総支配人自ら動いてくれたのでした。とてもありがたいと思いました。

リッツ・カールトンでは、総支配人自らがスタッフを助けてくれるというスタイルが浸透しているように思います。日常的にロビーによく立ち、忙しいときは業務を手伝ってくれます。現在のザ・リッツ・カールトン東京の総支配人がザ・リッツ・カールトン大阪の総支配人でいらしたときもそうでしたし、現在のザ・リッツ・カールトン大阪の総支配人もそうです。

また、リッツ・カールトンでは、二〜三か月に一度、全社員を集めたミーティングが行われます。会場には、ヒーリングミュージック、ときにはロックミュージックがかかり、スタッフは温かい「もてなし」のムードで迎えられます。そのとき、総支配人が自ら動き、スタッフ一人ひとりにデニッシュや、チョコレート、クッキーなどを配ってくれるのです。

このようなフランクなスタイルと連帯感・一体感が、スタッフにやる気を起こさせ、日本一のホテルといわれるようになったのでしょう。

いま私は、東京ベイコート倶楽部の開業準備室におりますが、ここで新しいメンバーとともに、新しいサービスにチャレンジできる喜びをひしひしと感じています。東京ベイコート倶楽部の総支配人は、長年トップを走り続けてきた有名な営業マンでした。

会社から実績を買われ、浜松市にある同グループホテル「グランドエクシブ浜名湖」の総支配人に任命され、その人柄と営業力、かつ独自のビジネススタイルでたくさんの社員のハートをつかみ、誰もが東京への異動を惜しんだという人です。

常に心を重んじ、スタッフみんなが幸せかどうかをいつも気にかけてくれます。同時に、大きな情熱のエネルギーでスタッフをファンにし、動かします。

もちろん、お客様へのおもてなしの心も人一倍強いので、お客様のハートをキャッチし、多くの方が会員権を買ってくださっています。

総支配人が、お客様、そして「第二のお客様」である社内スタッフへのおもてなしの心にあふれているという点で、リッツ・カールトンのスタイルと、東京ベイコート倶楽部のスタイルは似ているように思います。

「A4サイズのリクエストシート」でコンシェルジュの協力体制を

スタッフ同士で協力するためにはある程度の仕組みづくりも大切です。

まず、朝のミーティングで当日の業務の確認を行いました。お客様の情報を正確に、全員が共有します。

たとえば、「○○様が四時頃、白のシーマでお越しになるので、必ず二人で対応してください」という基本的な情報に加え、その日がお客様のお誕生日であるといった情報も伝えられます。そうするとお出迎えのときに、「○○様、お誕生日おめでとうございます」とお声をかけられますし、ルームサービスでちょっとしたサプライズの品物をお届けすることもできるでしょう。

お客様がどのような接客を好まれるかといった情報も伝えます。

たとえば、好まれる話のテンポなどです。ゆっくりとしたテンポを好まれる方に早口でまくしたてたら、不快に思われるでしょうし、反対に、スピーディな対応を好まれる方であれば、遅いとイライラされるでしょう。こうしたことが確認できるミーティングの時間はたいへん有益なものでした。

また、コンシェルジュの仕事は、時間で終わる仕事ではありません。勤務時間をすぎていても、お客様のご要望を満たすまで、仕事は続きます。何人ものお客様からいろいろなリクエストを受けたときは、全員のご要望を満たすまでは仕事は終わりません。

でも、仕事に優先順位をつけることは大切です。先に伺ったリクエストが必ずしも優先順位の一番にはなりません。緊急性の高いリクエストからとりかかります。もちろんその場合には、最初に受けたお客様に進捗状況をお知らせし、「何時にはお返事できると思いますが、よろしいでしょうか?」と許可をいただきます。

お客様からのリクエストは、**A4サイズの用紙でつくられた「リクエストシート」**にすべて書き残しました。

リクエストシートには、どのお客様から、何時何分に、どんなリクエストを、誰が受けたかを書き残します。どんな小さなリクエストでもすべて記録に残していきます。

たとえば、「**○○様、一〇時五〇分、Aデパートへの行き方、前田**」というようになります。一枚の用紙に二〇件程度のリクエストが記入できますが、多い日には四枚程度になります。

そして、ご要望にお応えしたら、ラインマーカーで線を引きます。つまり、線の引かれていないものが、まだ残っているリクエストだと一目でわかります。

そうすると、自分の受けたリクエストはきちんとできているか、交替時には、引き継ぐべきリクエストを引き継げているかがわかります。

この用紙は、コンシェルジュカウンターに置き、全コンシェルジュで共用します。これでお客様からのリクエストに関する情報を共有していることになります。このようにすれば、コンシェルジュがチームとして機能することができます。

リクエストシートに残した記録が、あとから役に立つことも多いのです。

たとえばお客様のリクエストで多いのが、「前回泊まったときに教えてもらったレストランにもう一度行きたいのですが」というご要望です。

このときは、お客様の前回宿泊日をパソコンで調べ、その日のリクエストシートを出し、お客様名を調べます。すると、お客様にご案内したレストランがわかります。

情報リストをつくるときにも、リクエストシートに残した記録が役に立ちました。

たとえば、ザ・リッツ・カールトン大阪が開業したばかりの頃、「耳掃除のできる喫茶店に行きたいのですが、行き方を教えてください」というお客様からのご要望がありました。

お客様によると雑誌でとりあげられていたそうなのですが、コンシェルジュはその情報を把握していなかったので、お調べするのに時間がかかってしまいました。開業時には知恵のストックがないので一つひとつ調べていかなくてはなりません。

このお客様にはご迷惑をおかけしたのですが、調べた情報は全員共有できるように、まとめてアルファベット順にならべ情報リストにしました。これがストックされていくと、さまざまなご質問にお答えできるようになりました。

引継ぎをスムーズにする「To All ファイル」

お客様は、「例の件はどうなっている?」などとお電話してくることがあります。お客様は全員がわかっていると思ってお話しされる方が圧倒的に多いのです。

ときおり非常に心配りのある方がいらっしゃって、「二日前に、いまくらいの時間に電話に出た人にいったのだけど……」とおっしゃる方もいますが、それは稀です。

そこで私は、「**To All ファイル**」という引継ぎファイルをつくり、コンシェルジュデスクに用意しました。

To All ファイルは、見開きで二つのパートに分かれています。

左側は「過去の情報」です。「過去にこういうことがありました」「こういうレストランができました」など、全員が知っていなくてはいけない情報を書きました。

右側は「現在進行中の情報」です。ここには「○○様から××というご要望を承り、現状は△△です」と書きます。そして、**出社したら必ずそれを見て、見たら自筆でサイン**します。情報を共有することで、どのコンシェルジュが電話に出ても、お客様にきちんとご対応できるようにします。

そのほか、基本的な仕事はチェックリストをつくって管理していました。金庫の鍵を開ける、閉める、ビジネスセンターを開ける、閉める、消火器の場所を確認するなど、大切な仕事はチェックリストにして、もれのないようにしていました。

従業員食堂やバックヤードでしていた「部署越えコミュニケーション」

ホテルのスタッフが力を一つに合わせて仕事をしていくためには、日頃からのコミュニケーションが大切です。そのためにはどれだけ時間を共有できるかが大事です。

私は、なるべくいろいろな人とすごすようにしていました。その際、たとえば個人的に遊びにいけたり、食事にいけたりすればベストですが、ホテルマンは仕事の時間が不規則ですから、なかなか時間が合いません。

そこで重要な意味をもってくるのが、**バックヤードや従業員食堂でのコミュニケーション**です。休憩時間には、部署の垣根を越えて、いろいろな話をしました。

たとえば、コンシェルジュカウンターにいらしたお客様に中国料理をおすすめしたということがあって、その少しあとに、食堂で中国料理レストランのスタッフに出会ったとします。そのようなときには、「○○様というお客様は行かれましたか？」「お客様のご様子はどうでしたか？」などと会話をします。

初めて会う人とでも、「今日はお客様がたくさんいらっしゃっていますね」「あまり休み時間ないんじゃないですか？」などと話します。

そこで会話が弾まなくても、顔と顔を合わせてお話しをしていますから、まず名前が覚えられなくても、あの人と一回しゃべっている、という記憶が残っていますので、二回目につながるわけです。

こうしたコミュニケーションがサービスの下地となります。

お客様に上質なサービスをするには、ホテルは**部署の垣根を越えて、一体となっていな**

くてはなりません。それは頭では理解できていても、実際に仕事をするときは、生身の人間同士です。「あの人の頼みならやらないわけにはいかない」「この前お世話になったあの人に御返しをする番だ」などと、日頃のコミュニケーションというものが最終的には大きな原動力になっていきます。

コンシェルジュの場合は、フロントとかベルの方などと一緒に仕事をする機会が多かったのですが、従業員食堂でのコミュニケーションは、いざという場で役に立ったということがよくありました。

また、日本人独特の習慣かもしれませんが、社内の飲み会もとても重要だと思います。飲み会で仲よくなっておいたから、仕事のときに頼みやすかったという経験もあります。

いいサービスをしようとか、お客様に喜んでいただこうと思ったら、自分の部署だけで仲よくしていても、なかなかうまくいきません。部署内のコミュニケーションは最低限のことで、**他部署の人といかにうまくやっていくかが大切**です。

「空のコップの精神」を実践する東京ベイコート倶楽部

その点、東京ベイコート倶楽部は、素直で謙虚な組織かもしれません。上司部下に関係なく、まずは相手の話をよく聞いて、受け止めることが日々実践されています。

私は入社したばかりの頃、上司から「自分のコップを空にしてください」といわれました。

そのときに空のコップの絵を渡されました。

知識が半分入っているコップには、水はあと半分しか入りません。でも、いったんその水を捨ててしまえば、コップ一杯分の新しいものが入ります。

だから、いったん水を捨てて人の意見に耳を傾けましょう。自分が納得できなければ、納得できるまで聞きましょう。いうほうも、相手に納得してもらえるまでいいましょう。それが素直な組織ということです。

そういう組織環境がすでにできています。

スタッフには、マンダリン オリエンタル 東京、グランド ハイアット 東京、コンラッド東京、ヒルトン東京など、有名ホテルからやってきた人が多いのですが、ほとんど衝突がありません。

比較的自己主張をきちんとする人たちなので、まとまらないのではないかと周囲からは心配されているようですが、そうしたことはありません。

「空のコップの精神」で、過去の経験を活かし、新しいものを学び、よいものをつくろうとしています。

「マンダリンではこうやっていた」「グランド ハイアットではこうだった」などと、過去にいた組織のよい点、課題点を語り合い、悪い点は捨て、よい部分を集結させようとしているのです。

第6章

五つ星ホテルの現場で実践するスタッフの育て方

この一五年、スタッフを愛情もって観察してきました

第5章でお話ししてきたように、お客様への上質のサービスは一人の力ではなしえません。多くのスタッフが気持ちを一つに合わせることがとても大切です。

お客様へ上質なサービスをご提供するには、スタッフの満足度がとても大切です。現場のスタッフの心が満たされていない状態では、お客様に質の高いサービスを提供することはできないでしょう。

現場のスタッフが、自分の置かれている状況に満足感や誇りをもって仕事をしているからこそ、お客様に満足していただけるエクセレントサービスをご提供できるのです。

私はスタッフをもつようになり約一五年になりますが、その間、マネージャーとしてスタッフに敬意を払い、どんな小さな声にも耳を傾け、支援しようと心がけてきました。そういう環境が整えば、スタッフは外部のお客様に対しても前向きにおもてなしができるようになるでしょう。

スタッフは決して召使いなどではありません。スタッフを召使い扱いすれば、働く意欲は失われます。そうすれば、通り一遍のマニュアル化されたサービスならまだしも、心の

こもった感動のサービスは期待することはできません。

私はスタッフそれぞれの長所をきちんと認めることが大切だと考えています。そのために上司には**観察力と洞察力**が必要です。スタッフがミスをすると、つい文句をいいたくなってしまうものですが、よく考えてみるとスタッフがミスをするのは当然のことです。思い返してみれば、自分もスタッフのときは同じようにミスをたくさんしていましたので……。

ですからスタッフは愛情をもって観察することです。

転んでしまった赤ちゃんをいつも抱き起こすのではなく、**その子が本当に立てないのか、それともただ甘えて立っていないだけなのかを見極めてあげます**。その見極めは、毎日観察していればおのずとわかります。

本当に立てない人もいると思うので、そのときは救いの手を早めに伸ばしてあげないと、せっかくの才能を活かすことができません。

スタッフが仕事をしないのも上司の責任です。やらない何か、つまり理由があるのだと思うのです。その人の生活など、いろいろな背景があると思うので、そこにどこまで入っていくかは別にして、やはり一上司の目、一人の人間としての目で見て、この人はなぜ仕事をしないのだろうと、愛情をもって観察する必要があると思います。

やる気のない部下をやる気にさせる私の方法

私の部下にこんな人がいました。

その人はお父様がいわゆる実力者で、そのご縁で入社しました。そんな関係もあってか本人はホテルの仕事に対して、あまり情熱がもてないようでした。すると、接客時の挨拶、お客様に対する目配り、手紙の書き方など、仕事はあまりうまくいきません。

周囲の人は、「お嬢様なのだから仕方がない」と彼女の背景を気にして、あまり注意しませんでしたが、それでは彼女のためにならないですし、お父様と彼女は別人格なので、私は何とか彼女に成長してもらいたいと思いました。

その日から私は彼女を観察しました。どういう考えをもっているのか、どういう行動パターンをもっているのかをそれとなく観察し、**気づいたことはメモ**に書いていきました。

そうしてみると、彼女が努力してやったことでも、「父親の力だ」といわれていることがあるということに気づいたので、以後そういう目で彼女を見ることは決してすまいと思いました。

一方で、彼女自身もお父様に依存している部分がややありました。ただし、それはご家庭のことなので、他人である私がとやかくいえることではありません。

私は目の前にいる彼女と向き合うことだけを考えました。

彼女は、お客様のよいところを見つけることが得意でした。

「あのお客様は言葉遣いのきれいな方ですね」「あのお客様はお洋服のセンスのすばらしい方ですね」などと、ポツリといったりするのです。人の長所を見つけられるというのは、サービスの仕事をするうえでとても大切なことですから、「この人は何とかなる」と思いました。

その一方で、直すべき点がいくつもありました。

そこでまずは食事に誘い、「あなたはいい点をたくさんもっているのだから、それを周りの人に認めてもらいましょう。でも、認めてもらうには直さなくてはいけないところもある。だから一緒にがんばりましょう」と伝えました。彼女は私の言葉を受け入れてくれました。

そのうえで**「私はこう思うけどどう思う？」「私にはこう見えるけどどう思う？」などといいながら、「挨拶をきちんとする」「伏し目がちに話をするのはやめる」などと、具体的な改善項目を紙に書いて渡しました**。

彼女は最初、ちょっと恥ずかしそうに笑っていましたが、納得できた点がいくつもあったようでした。

そんな姉のような感覚で接したのがよかったのでしょうか。

一対一でいろいろな話をしたり、オフに一緒に遊びにいったり、関係を深くもとうとしているうちに、次第に仕事のミスは減り、自分から動くようになってくれました。

仕事を離れ、一対一の関係をつくる

彼女はもともと素直な人なので、私のアドバイスを比較的早く受け入れてくれましたが、なかには時間のかかる人もいます。

特に内向的な人は、アドバイスをすると叱られたと受け取ってしまい、悪いスパイラルに入ってしまうこともあります。

そういう場合には、プライベートで食事にいったり、遊びにいったりするなど、一緒にすごす時間を長くもつようにしました。それは、仕事の時間だけではよい関係がつくれませんし、それではアドバイスしても相手の心に届かないと感じたからです。

仕事の場というのは、多かれ少なかれ緊張しているものです。緊張した場面で、いろいろなことを話しかけても、相手も緊張しているので、キャッチボールがうまくいかないことが多いのです。

そこで仕事から離れ、一対一の人間として、関係をつくります。

相手の好きな食べ物をあらかじめリサーチしておいて、たとえば、和食の好きな人なら、「おしゃれな和食レストランを見つけたよ。一緒に行ってみない」などと誘います。もともと私も行ってみたいお店なので、素直に「一緒に行こう」という感じです。

それでも相手は、上司と部下という感覚をもっていると思うので、私のほうが変わらなくてはいけません。お姉さんと妹、お姉さんと弟という感覚を少し意識するようにします。

プライベートでは仕事の話はしません。仕事の話をしたら、相手を緊張させてしまうので無意味です。

こうして一緒に時間をすごすうちに、少しずつコミュニケーションがとれるようになり、仕事でも私の考えを理解してくれるようになります。

「認める」ことで二の才能が一〇まで上がる

スタッフのモチベーションを上げるには、その人をよく見なくてはいけないと感じています。

入社したときは、誰でもモチベーションは高かったはずです。それがどんどん下がってしまったとするなら、何か原因があるはずです。その原因を取り除き、モチベーションアップを図るのが上司の仕事の一つです。

それにはその人をよく見て、起きている問題が何かを見つけます。自分のせいかもしれませんし、会社に対しての不満かもしれませんし、慣れから来る甘えかもしれません。いずれにしても根本的原因を取り除いて、履歴書を書いて入社した当時のモチベーションに戻せるような環境をつくってあげなくてはと思っています。

入社したときに高かったモチベーションが下がってしまう原因の多くは、その人のことを認めないという周りの反応です。「認めない」と直接的にいわれることは少なくても、無視されたり、いじわるされたり、きついことをいわれたりということはあるでしょう。そうしたことが続くと最初の意気込みが消えていきます。

もともと一〇の才能をもっていたとしても、「あなたはダメ」といわれ続けると、どんどん下がってしまいます。才能が開花するどころか、つぼみにもならずに終わってしまう人もいるでしょう。

上司としては、むしろ本人が気づいていない才能を引き出してあげるくらいの心づもりが必要です。それには環境を整えることが大切です。環境が整えば、本当は二くらいしかなかった才能が、一〇まで上がる可能性もあります。

認めて欲しいという気持ちをもっている人は多いのではないでしょうか。

若い人たちを見ていると、物質的に恵まれていても、愛情に恵まれている人はそんなに多くないように思います。「かわいい、かわいい」といわれながらも、本当の意味で愛されていると感じている子がどれだけいるかとなると、けっこう首をかしげてしまいます。

「人の行動には理由がある」と気づかせてくれた五歳時の経験

明らかにスタッフの言動が間違っているということもあるでしょう。

そういう場合でも頭ごなしに否定したりはしません。「それは間違っているよ」といっても本人は間違っていないと思っているわけですし、すぐには非を認めないでしょう。たとえ口では、「はい、わかりました」といっていても、頭の中では「いったい何をいってるんだ」と思っていることもあるでしょう。

ですから、自分で間違っていると気づかせるのがベストです。スタッフの言動が間違っている場合、その理由を聞きます。

「何でそうなの？」「どういう理由でするの？」「それにはどういう効果があって、どういうことが生まれると思う？」などと聞きます。

スタッフが自分で間違いに気づけるような質問を投げかけていきます。

人の行動には、何か理由があるといつも思っています。

私の幼稚園のときの出来事で、いまでも感謝していることがあります。

あるとき、部屋のなかで水彩画を書きました。前と後ろに出入口があり、「描いた水彩画を扉の前に置きなさい」と、先生がおっしゃいました。

私は、「ここに置いてしまったら、外に出られなくなるのに、何で先生はここに置くというのだろう」と一瞬思いました。

その少しあと、私はお手洗いに行きたくなりました。それには扉の前に置かれた水彩画を何とかしなくてはなりません。大人なら絵の下に手を入れて移動させるという知恵もわくでしょうが、五歳の私は絵に触ったら手がベタベタになるし、触った部分の色が落ちてしまうと思いました。

私はまたぐしかないと思いました。絵をまたいだ瞬間、先生が大きな声を出しました。

「こっちに来なさい。あなた絵をまたいだでしょう。どういうことですか、絵をまたぐなんて」

私は叱られながら、「出入口に絵が置いてあるから、またぐしかない」と思いました。

もう少し成長したあとで、「あの先生はどうして出入口に絵を置くよう指示したのだろう」と当時を振り返りながら、私は別のことを考えました。それは、「人に注意をするときには、その人の行動の理由も考えなくてはいけない」ということです。

五歳の私は、絵を移動させるという知恵がなく、またぐしかありませんでした。人に注意するときに、相手の理由も考えず、ひたすら注意しても、前に進まないだろう。そう思ったときに、対人関係がうまく進んだことがありました。そのときにはその幼稚園の先生に感謝しました。

あの経験がなかったら、こうしたアイデアが浮かぶことはなかったでしょう。

長所を見つけたらさりげなくほめる

私はこの仕事を長くやっていますが、昨日入ったばかりの社員でも、私より優れている点は必ずあります。私はその人から、学びたいとも思いますし、「あなたのこういうところはすごいね」とはっきりいうようにしています。

お客様とのコミュニケーションにおいても、「いいな、すばらしいな」と思ったことは、外見、内面問わず口にするようにしています。もちろん、そういうことを嫌がる方もいらっしゃいますので、慎重にではありますが。

口にするか、しないかという問題は別にしても、相手のいいところを探そうとすることは、大切な意識だと思います。自分自身の成長にもつながりますし、相手との円滑なコミュニケーションにも役立つのではないでしょうか。

本当にいいなと思うことは、その人にいうようにしています。

「○○さんって、とてもきれいな目をしているよね」とか、「整理整頓が得意よね」などと、そのことを感じた瞬間にさらりと伝えます。

たとえば、口紅を変えていいなと思ったら、「今日、口紅変えた？　そっちのほうがいいんじゃない？」といいます。前の口紅もよければ、「あれもいいけど、こっちのほうが顔色が明るく見えるね」などと、少しだけ詳しく、変わってどうよかったかをちらっといいます。

男性の場合は少し違う方法をとります。

あまり直接的にはいいません。いいと思って口に出した言葉でも、素直に受けてくれない男性がいるのです。ですから周りにいる人で、必ずその人にいってくれそうな人に、「○○さんの髪型は清潔感があって素敵ね」といいます。そうすると自然と伝えたい相手に伝わっていきます。

逆に、「それはやめたほうがいい」と思うことがあっても、まず男性にはいいません。嫌なことをいっても関係性が壊れないようなら別ですが、一緒に仕事をしているくらいの関係ですと、なかなか難しいのです。そこで、よいことが起きたときに、「この間はあんなふうにしていたけど、いまのほうが絶対にいいよ」「この間の髪型より、いまのほうが私は好きだわ」といいます。

このように、相手の優れた部分を探し、学ばせてもらおうと意識することは、自分を成長させるうえで、とても大切です。

悩みを抱えている相手が話したくなる雰囲気とは

お客様とコミュニケーションをとる場合、真正面で相対するのではなく、ややずらして斜めのほうがよいということを前にお話ししました。

それは上司とスタッフの関係でも同様です。上司に真正面で話されてしまうと、スタッフは緊張度が高くなりますから、座って話をするならL字型に座る、立ち話なら斜めから話をするほうがよいでしょう。

私がアフターファイブにスタッフと食事にいくときは、カウンターに横並びに座ります。特に悩んでいる人と話をする場合は、横並びが効果的です。なぜかというと、その人が私の顔を見なくてすむからです。人の顔というのは、よっぽどくつろいでないと、見づらいものです。最初は緊張していますから、目と目が合わないほうが話しやすい。あくまでもケース・バイ・ケースですが、私の経験上、成功率が高かったのは、L字型か横並びでした。

付け加えれば、お店の雰囲気も話しやすいかどうかに大きな影響を与えます。悩み具合

■成功率が高まる立つ位置・座る位置

や内容にもよりますが、ある程度、ガヤガヤしていて、人のなかに紛れ込んでしまえる場所のほうが、リラックスして話してくれる人が多いようです。もちろん、声が聞こえないくらいだと困るのですけど……。

もう一つは、長時間いられるところ、長時間お店のスタッフが放っておいてくれるところがよいでしょう。たとえば話が盛り上がってきたときに、お店のスタッフから声をかけられたために、再び口をつぐんでしまう人もいます。

三〇代の女性スタッフには「評価→指摘→期待」の流れで接する

女性も三〇代になると、仕事でいろいろな経験を積んできますから、自分の考えややり方をもつようになります。それはもちろんよいことです。

でも、悪い部分が表に出てしまう場合もあります。

たとえば、自分ができていることを相手ができていないときに、「あの人は仕事ができない」などと指摘したりします。相手が後輩のときもありますし、先輩のときも同様です。

また、その年代は、女性として体に変化を起こす時期でもありますから、精神的なバランスもときに崩れやすくなる場合もあります。

ですから、上司としてアドバイスする場合には、相手のそうした状況や心と体の変化のことを、頭の片隅において接することにしています。

たとえば、仕事でミスをしたときには、時間を置かず、さらりと伝えます。

「ここはこうだから、こうすべきでしょう」と、口調はやわらかく、でもきちんと伝えます。遠回しなものいいは、かえって逆効果です。

ただし、全体としてはミスでも、よくやれた部分があるはずです。結果は悪くてもアイデアはよかったとか、途中まではうまくいっていたなどです。その部分をまず評価します。次にミスの部分をきちんと伝え、最後は、**「期待しています」「まかせます。あとはよろしく」**などの言葉でしめくくります。つまり、**「評価」→「指摘」→「期待」という流れ**になります。

ミスを指摘するときに、相手にきつく聞こえてしまうときがあります。

それは上司が怒っているときです。そういう気持ちのまま、「何でこんな失敗をしたの？」「何年も働いているのにそんなこともできないの？」などというと、効果的には進みません。

責めてはいけないのです。その場合、ミスを指摘しているのではなく、自分の感情を相手にぶつけているのです。怒りの感情をぶつけたら、相手は反発します。

スタッフのミスを見つけたとき、私は怒りの感情に流されないよう努力します。まずは深呼吸して、自分のなかの怒りの感情を抑え、それからミスの指摘をするようにしています。感情でものをいっても許してくれるのは親だけではないでしょうか。兄弟でも難しいと思います。ましてや上司とスタッフの関係で、怒りの感情をぶつけてしまったら、とりかえしがつきません。

三〇代のスタッフとも、二〇代のスタッフと同様、プライベートでのお付き合いを大切にしています。ただし、プライベートでは仕事の話は、私からはしません。

悩みを抱えていそうな人がいたとしても、「何か悩みごとあるの？」などとストレートには聞きません。ただ、「**あなたのことを認めています**」と心のなかで思うようにします。

そのスタッフのほうからいってきたときに、心から受け止め、話をじっくり聞くことにしています。

「なめられたくない」キャリアウーマンの心理

男性スタッフの場合、私の年齢の上下一、二歳の方との関係づくりが難しいと思います。三、四歳離れてしまうと、相手のほうはお姉さん感覚で接してきますが、一、二歳は同級生感覚です。ライバルという意識をもっている方もいます。

私が以前働いていた会社では、女性マネージャーは、よく泣いていました。「女のくせに」「かわいくしていればすむと思っている」といわれたらしいのです。

女性がパリッとしたビジネススーツを着ている場合は、男性と仕事をしていくなかで、言葉悪くいえば、「なめられたくない」という思いがあるのではないでしょうか。でも、そういう女性は、オフタイムになると、わりとかわいい人が多いのです。反対にちょっとかわいくしている人のほうが、しっかりしている場合が多いように思います。

男性は見た目の姿から判断することが多いのでしょうか。パリッとしている女性は助けてあげなくても大丈夫、かわいらしい服装やふるまいの子を助けてあげようという傾向がどうもあるようです。男性にはやはり、かわいらしさや謙虚さをもった女性のほうがウケがいいようです。

そうなるとパリッとしている女性は余計に傷つき、それならばもっと仕事をがんばろうとしゃかりきになります。そうした心の内が外面に表れ、表情も少しきつくなり、服装や言葉遣いも少し男っぽくなるケースもあるようです。

私自身は、自分が楽しめなくてはよい仕事はできないと思っていますので、無理をすることなくいつも自然でいたいと考えています。

女性スタッフに好かれる方法

年配の男性上司は、若い女性スタッフとどう接していいか悩むというケースが多いようです。

どうしていいかわからないからと、「ねえ、最近は何が流行っているの？」などと近づくのは、どちらかといえば逆効果でしょうし、「何でも聞いてあげるからいっておいで」といっても、シャットアウトされてしまうでしょう。

最初は、愛をもって放っておくのです。

一人ひとりをよく観察して、その人の長所を見つけて、その部分を認めます。相手が興味をもっていそうなものを観察しておいて、何かの拍子にぽろっといったりするのもいいでしょう。そういうことができてようやく、相手は心を開いてくれます。そうなれば上司から話しかけなくても、スタッフのほうからいうようになります。

スタッフが悩んでいると、男性上司はすぐに問題を解決してあげようとします。悩みを論理的に分析して、「これがこうなのだから、こうすればよい」と答えを導き出します。それはやる必要ありませんし、やってしまうと、かえってうっとうしいと思われます。相談に乗って欲しいといわれても、その回答を求めている人は少ないのです。ただ聞いて欲しいだけの人が多いのです。

男性の世界では、ただ聞いて欲しいだけの会話というものが、あまりないのでしょう。自分のトラブルは自分である程度解決し、それができないときにアドバイスを求めるという傾向があるように思います。

でも、女性の場合、ぺちゃくちゃいい合って、結論も出さずに、「じゃあバイバイ」で終わってしまうこともけっこうあります。そして、それでいいと思っているのです。

ですから、話を聞いて、「ああ、そう。それは大変だなあ」と、顔を見ながら聞いてあげると、

「あの人は話を聞いてくれる」→「私のことを受け入れてくれる」→「あの人はいい人だ」

と関係が進展します。

会社のなかで何か揉めていそうだと思っても、解決に乗り出そうなどとは思わずに、「どうしたんだ？」と声をかけるだけでいいのです。「いいにくいことがあったらメールでもいいよ」と付け加えてもいいでしょう。

すぐには、反応はないかもしれません。自分が起こした行動に対するレスポンスは、あ

まり当てにしないで、忍耐強く待つとよいでしょう。

もし奥様や娘さんがいらっしゃるなら、同性としてどう思うかを聞いてみるとよいかもしれません。家族からの忌憚のない意見をいってくださると思います。

リッツ・カールトン時代に あえて助け舟を出さなかった理由

自分が上司だという責任感と包容力というのは必要だと思うのですが、頭から、「俺はお前の上司なんだよ」「私はあなたの上司なのよ」というような姿勢は、責任感のうえでは必要であっても、頭からギュッと押さえていく姿勢というのはよくありません。

上司からスタッフへのアドバイスも、上司はこれが絶対にいいと思っていても、スタッフがやる気になっていない限り、意味がないのです。

上司は、**あくまでもサポーターであって、リーダー**です。リードするのが仕事です。その人が動きたい、と思うような方向にもっていくのが、一つのリーダーの役目ではないでしょうか。

私はリッツ・カールトンにお世話になっているときには、かなりスタッフに権限委譲していました。

ちょっとかわいそうかなと思うこともやらせていました。

たとえばお客様が、あるコンシェルジュに対して激しく怒っていても助け舟を出さないこともありました。それはできると思ったからです。うろたえているのは、私に依存しているからだと思いました。助け舟を出して欲しそうな雰囲気がひしひしと伝わってきました。

でも、いまが助け舟を出す時機なのか、いま助け舟を出したらこの人は潰れてしまうのかを判断して、できると思ったら助け舟は出しませんでした。

そのことについて、きちんと説明する場合もありましたし、しなかったこともありました。「よかった、大丈夫だった」と思って、声をかけないこともあったと思います。

それがひいては、その人を成長させることになると信じていたからです。

身だしなみの整わないスタッフを動かす言葉

上司のなかにはスタッフの身だしなみに悩んでいる方も多いでしょう。

身だしなみが崩れている場合、いくつか理由があります。一つはその人の心の表れだと思っています。

もう一つは個人の考え方の違いもあります。マニキュアの色を会社から「コンサバティブな色」と指定されたことがありました。でも、「コンサバティブ」という感覚は個人差がずいぶんありました。

あるとき、女性スタッフがマットな白のマニキュアをしてきたことがありました。彼女はうれしそうに、「見てください、きれいでしょう」というので、「コンサバティブな色と指定されているよね」といったら、「コンサバティブじゃないですか」とくるのです。彼女はそれがコンサバティブだと思っていたので、その後は何をいってもダメでした。その後、会社が「何色」と指定したので、その人はもう白をつけられなくなりました。

個人の感覚には違いがあります。身だしなみを統一するときには、細かく表現する必要があります。

もう一つは家庭の環境です。きちんとする習慣がなく育っているからかもしれません。でも周りの環境を整えておくと、自分はおかしいと、気づくはずなのです。

家庭でもきちんとやられているし、会社のマニュアルも細かく書いているにもかかわらず、身だしなみが整わない場合は、心のなかで何かあるときです。

そういうときも否定はしません。「何でそんな髪型にするの？」などとはいわずに、「**こっちのほうがきれいだと思うけど、どう思う？　やってみる？**」といいます。

そういうときは心のなかに、きれいにしたくない自分がいるのです。何かに反発しているのです。

レクリエーションをどんどんやって楽しい会社にしましょう

ホテルには個性的な人が集まってきます。個性的な人がわりと自分の能力を発揮しやすい環境だと思います。

マネージャーとしては、神経質になりすぎると、潰れてしまいます。遊び心があったほうがよいのです。自由な雰囲気をつくりながら、要所だけ押さえていくというやり方が私は好きです。

それはちょっと違うのではないか、というご意見もあると思います。昔でいうサーバントのような雰囲気できちんとやるべきだ、というご意見の方もいらっしゃるでしょう。

でも、私はまず、会社自体が楽しくないと、よいサービスはできないと考えています。上質なサービスを提供し、お客様が何度も来てくださり、ひいては会社の収益に結びつくわけですが、それには従業員が満足していることが大切です。従業員満足度が低いと、よいサービスはできませんし、お客様にいいおもてなしができません。

それには環境が一番大事です。**スタッフが楽しく会社に来られる環境**をつくることが、マネージャーの仕事だと思います。

そのためには、一人一人の個性を見いだして、それを活かすようなアドバイスをします。部内の雰囲気を楽しくて自由なものにするために、私がいいなと思っているのが、レクリエーションです。誘い合ってスポーツをしたり、映画にいったりということです。シフト制で働いているので、みんなで一緒に行くというのは無理ですが、四、五人ではよく行きました。部内にこだわるわけでなく、他部署の人もいました。

サークルのようなものをつくるのも好きです。部署を越えて、同じ趣味や興味のある事柄を共有できる人と話すのは楽しいと思います。

そうした関係づくりが、仕事に結びつくケースも多いのです。基本的なコミュニケーションがとれていますので、何かのときに「お願いします」といいやすいですし、高いポジションの方でも、同じ話題で盛り上がったことがあると、先方から手を差しのべてくださることもありました。

朝礼こそが一日を決める

現在、東京ベイコート倶楽部開業準備室では、毎朝午前八時五〇分より、朝礼を行っています。

その内容は、リゾートトラストの会社方針に始まり、シティホテルレストラン事業本部の本部方針の確認、東京ベイコート倶楽部の指針である「スタッフウィル」と呼ばれる四つ折りのカードに書かれているなかの「サービスにおける一五の誓い」を毎日唱和します。そして、各準備室のスタッフがもち回りにそれに関する自分の考え等を述べ合い、意識の確認をしていったあと、業務的な引継ぎ事項を伝えるというものとなっています。

これにより、朝のけだるいオフの時間のような気分が一気にオンステージに切り替わります。

ザ・リッツ・カールトン大阪にも、「ラインナップ」と呼ばれる、クレドカードをもとにした朝礼がありました。

現在、私たちは東京ベイコート倶楽部の開業準備をしているところですので、スタッフ一斉に朝礼を行うことができますが、開業後は、各セクションごとでスタッフが出勤してくるたびに、行うことになります。

一見面倒で時間をとられると思われがちなこの朝礼が、非常にモチベーションアップにつながります。

会社のあり方、ホテルの向かうべき方向性、お客様へのおもてなしに関する心構え、自己発見、自己啓発等々、あげればきりがないほど多くの成果を生むのです。

そこには、共通のものがあります。同じ目標に向かう進路の確認です。意識の確認とそのスタッフがいま幸せであるかどうかも……。

当然、管理職にとっては、自分の部下がどんな想いで仕事に臨んでいるのか、どのような状態でいるのか、などを察知したり確認できる場なのです。

「一日の計は朝にあり」……これは別の章でも触れておりますが、この朝礼こそがすべての原動力の源となっている、といっても過言ではありません。

第7章

人間関係はどうしたら
うまくいくのか？

なぜ、四時一五分の始発で行ったのに叱られたのか

人間関係の問題を解決するには時間がかかる場合が多いようです。

私は、そうした問題を解決することを自分のマインドのトレーニングだと考えています。

大阪の東急インに入社したばかりの頃、私はフロントに配属されました。

早番は八時スタートでした。八時スタートであれば、七時半にフロントに行けばいいだろうと思い、翌日七時半に行くと、先輩の女性がすでにいらっしゃったのです。そして、「新人社員というものは、先輩よりあとから来るものじゃないでしょ」とおっしゃられたので、「申し訳ありません、明日から気をつけます」といって、翌日七時一五分にフロントに行ったのです。すると、もう先輩はいらっしゃるのです。驚いて謝りにいくと、またお叱りを受けました。

私は「いったいどういうことなんだろう」と思いながら、その翌日は六時半に行くと、また先輩がいらっしゃいます。

「いじめられている」

そう思いました。

家に帰り、両親にそのことをいいました。どちらかが味方してくれると思っていたのですが、二人が口をそろえて、「それはあなたに原因があるのではないか」といったのです。「話を聞いていると、その先輩は明らかに感情的になっているようだ。感情的にさせるような何かを、あなたがやっているんじゃないの？」

私は気持ちの整理がつかないまま、翌日は始発で出社することにしました。当時の大阪環状線の始発が四時一五分でした。この時間に行けばさすがに先輩はいらしていないだろうと思ったのですが、またいらっしゃったのです。

これは尋常ではありません。私はどうしようかと思いました。

一つの選択肢は、このまま辞めてしまう。もう一つは、先輩がどうしてこんな行動をとるのかを知ること、先輩にも必ずよいところがあるはずだから、そこを認めて何とか自分を受け入れてもらうこと。

私は後者を選びました。いますぐ辞めてしまうには先輩の謎の行動の意味もわからないし、後悔だけが残るような気がしました。

そこで、**いま起きている問題を紙に書き出してみました**。

先輩が私に何を頼んだ、どういういい方だったか、そのときの顔の表情はどうだったかなどと、どんどん書き込んで、表をつくりました。

わりと早い段階でわかったのは、私が入社したことで英語のできるフロント係が二人になったということです。私もそれほど英語は得意ではありませんでしたが、お客様と会話するレベルには達していました。私が入社する前は、その先輩だけが英語が堪能だったので、英語が必要なさまざまな用事が彼女に集まっていました。

ところが私が入ったことで、英語の用事は二分されました。いえ、新人というものめずらしさも手伝って、私が依頼されることのほうが多かったのかもしれません。それが先輩にはおもしろくなかったようです。

「何かあったら先輩に聞く」を習慣にしてみたら……

女性同士の複雑な問題ですから、解決するには長くかかると思いました。私が真面目に仕事をしたとしても、まともに評価をしてくれることはないでしょう。

それよりも、先輩の長所を見て、それを尊敬し、素直に受け止めるしかないと思いました。

何でもその人に聞くようにしました。わからないこと、困ったことがあったら、その先輩に聞くようにして、そのときの応対の仕方や、接客中の様子、日常モノを取り扱うときの一挙手一投足などから彼女の長所を見つけようとしました。

お客様に何かをして差し上げるのがとっても好きな方で、人のお世話をするのが好きとおっしゃる以上は、人間嫌いではないだろうと思いました。

何かあったらその先輩に聞くということを習慣にしていると、先輩の様子が変わってきました。

それまでは私の一挙手一投足を監視して失敗を指摘してやろうという雰囲気でしたが、私が困っているという雰囲気をキャッチして、「どうしたの？　大丈夫？」と声をかけてくれるようになったのです。

それから二年くらい経ったある日、先輩が唐突に、「前田さん、彼氏いる？」とおっしゃったのです。「いえ、いません」というと、「実は親友のお兄さんが、彼女が欲しいといっているから会ってみない？」と。

涙がジワッと出ました。

仕事では泣かないと決めていたので、涙が流れていくのを懸命にこらえました。「私にそういうお世話をしてくださる」先輩の気持ちがうれしくて涙があふれてきました。

最終的に先輩は結婚退社されたのですが、そのときにこうおっしゃられました。

「あなたにいじわるしてごめんなさいね。あなたが英語ができたから、おもしろくなかったのよね」

「そういうこともあるかも」「ああ、なるほど」という言い方を変えてみる

何か揉めごとが起きたとき、片一方だけが悪いということはまずあり得ないと思うのです。どんなにひどいことをいわれたとしても、そのきっかけや理由があるはずです。

私は何かいわれたら、「この人はなぜこんなことをいうのだろう」と考えることにしています。それによって自分の置かれた状況を客観的に整理できますし、溜め込むストレスも軽減されるのではないかと思います。

メチャクチャなことをいわれて「それは違う」と思うときもありますが、感情的に反発してしまったら、「覆水盆に返らず」で、その人との関係そのものが終わってしまうこともありますから、そのときはグッと抑えて考えます。

「それは違います」「そうは思いません」と心では叫んでいても、「**そういうこともある**

かもしれませんね」とか、「**ああ、なるほど**」とか、相手のいい分をいったん認めるようないい方をします。

そして、家に帰って紙に書き出してみるのです。

いま起きた問題は何か、登場人物は誰か、自分はどんな発言をしたか、そのときの態度はどうだったか、どんな行動をとったのか、最終的に、現在自分がやるべきことは何か、と書いていきます。

「絶対よくなる」と念じながら書く

問題解決を目指して「書く」ときには、「**この問題は絶対に解決する**」「**絶対に解決する。悪い方向には進まない**」**と自分で唱えます**。そして、「時間をかけても、この人と仲よくなりたい」「いま起きている問題を解決したい」と素直に自分に落とし込みます。

そして、具体的な状況を紙に書き出していきます（167ページ参照）。

相手の方が近くにいる場合は、「あなたと私は仲よくなる」とテレパシーを送るようなイメージをもちます。

その方が近くにいればいるほど効果的です。もし近くにいらっしゃらなければ、自分が集中しやすい環境のところで、その人の顔を浮かべて「あなたと私は仲よくなる」と思います。

スタッフとの人間関係のときには、まず、その人に幸せになってもらいたいと考えます。何か起きるときは双方に問題があるときです。

それはその人の私生活のことかもしれません。その人の問題が解決しますように、というのは、その人の人生の領海侵犯しているみたいな気がしています。そこまでお祈りしてはたぶんいけないと思うので、「**心安らかになりますように**」と念じます。

「ポジティブ思考」に惑わされてはいけません

ポジティブ思考というのはとてもすばらしいことですが、一部に、ポジティブ思考と現実逃避が誤解されていることがあるように思います。起きたことをすべて必然と前向きにとらえることと、起きたことから目をそむけてしまうのは違います。

これは個人の性格にもよるものだと思いますが、私の場合は、くさいものにふたをせず

■問題解決チェックシート

いつ起きたか	誰と	どんな問題か	一番困っていること
自己分析（アクションも含め＝いつ？）	相手からの反応	アクション後の結果	反省点＆その他

に、**なぜ起きてしまったのかと、冷静に分析**していきます。

分析しようと心がけているといったほうが正しいかもしれません。というのは、私はそもそも感覚的な人間なので、自分の感覚にまかせておくとよくない方向にいくケースがあるのです。そこで**無理にでも紙に書き出して、現実を分析し、しっかりと見つめることを自分に課しています**。何か問題が起きて、突然責められたようなときは、その夜、家に帰って紙と向かい合っています。

相手の長所を見ていると、不仲になった理由がわかってくる

人間関係がこじれてしまい、「いじわるされている」と思うことがあったとしても、そこはグッとこらえて、自分のために冷静になります。冷静になって「嫌い！」という感情を無理にでも横に置きます。

そして、相手の長所を書き出していきます。すぐには無理かもしれません。いじわるなことをいわれている最中に、相手の長所を考えるのはちょっと難しいでしょう。

そういうときは、たとえば一晩寝たあとでもいいと思います。相手の長所を考える動機づけとして、「自分のためにやるのだ」と思ってもいいでしょう。それで楽になれるならいいと思います。そして、長所を考えるようにします。

そうすると人間関係が変わっていきます。いろいろな方にこの方法をおすすめしているのですが、よい流れに変わったとおっしゃる方がとても多いのです。

相手の長所を見ていると、意外に冷静に、なぜ関係が悪くなってしまったのかが見えてくることがあります。

そんなとき、じつに些細なことから、相手のことを悪く思っていたということも多いのではないでしょうか。たとえば、相手がきれいな格好をしていたとか、自分の好きな男性がその女性に声をかけたということが原因になっていることも多いかと思います。

自分を大切にすると自分が楽になる

ある程度分析したら、それは頭のなかにしまい、翌日からは普通に出社します。当然揉めている相手と顔を合わせるでしょう。そうしたら**紙に書き出した相手の長所を少し思い**

出してみましょう。そのうえで挨拶します。それで十分です。関係は少しずつ変わっていくでしょう。

それでも、相手のことが認められないということもあるでしょう。

私の過去を振り返ってみると、相手と自分を勝手に比べて、かなわないと思ったときに認められないということがありました。相手に負けているときに認められないのです。ジェラシーがわくときに認められなくなります。

でもそういうときというのは、相手のよい部分と、自分のその部分を見比べているのです。一例として、文字のとても美しい女性がいて、彼女がそのことでお客様からお褒めの言葉をいただいたとします。そのとき自分の文字があまり美しくないからと彼女に負けたような気持ちになります。

そうすると相手のことが認められなくなります。

そういうときは、自分のよいところを忘れていることが多いようです。文字の美しさという部分に着目すれば、確かに自分は劣っています。でも別の部分では優れたところもあるはずです。それを忘れて、相手のよい部分に嫉妬するのは、自分がかわいそうだと思います。

つまり、自分を認めてあげられていない自分がいるのです。自分をもう少し大切にすることで、自分が楽になるのではないかと思います。

ホテルの仕事と職場恋愛の心得

職場の人間関係ということで、恋愛のことにも触れておきましょう。

以前、同じ職場の男性に告白し、うまくいかなかったという女性がいました。告白するまでは仲よくしていたのですが、それ以降は男性の態度が一変し、彼女を無視するようになりました。

職場で近いところにいた二人ですから、シフトが合えば、顔を合わせます。告白するまでは、それがうれしかったのでしょう。「今日も彼の顔が見れた」「優しくしてもらった」というのが、仕事の糧になっていたのです。ところが、うまくいかなくなると、それがすべてマイナスに作用するのです。それで、辞めたいといってきました。

そのときは、彼女をレストランに連れていきました。

「食べよう」といって、いっぱい注文しました。彼女はボロボロ泣きながら食べていました。私は「もうあきらめようね」とはっきりいいました。彼女はうなずいていました。

ただ、彼女と彼のコミュニケーションが悪くなることで、仕事に支障をきたすと困るので、同じ職場の人間として、何かお話しする必要があるかどうか、しばらく見させて欲しいということを伝えました。

その後、彼女は普通に仕事をしていました。彼に対しても、最初は遠慮がちでしたが、次第にごく普通にコミュニケーションがとれるようになり、それから彼の態度も普通に戻っていきました。数か月後くらいからは、二人とも笑って話をしていました。だいぶよくなったかなと思ったので、食事に誘って、「なんかしんどいことない?」と聞きました。

彼のこととはいわなかったのですが、すぐにわかってくれて、「あのときはありがとうございました。全然、平気ですから大丈夫です」といっていました。

ホテルという職場のなかで、恋愛関係になるケースは多いものです。そして、それをタブー視することもありません。むしろ、わりとオープンで、協力的といえるでしょう。ホテルの仕事は基本的にシフトがバラバラです。そこでシフトを調整し、二人の休みが合うように調整してあげる、というようなこともありました。

いつもいつもではありませんが、月に二回くらいは、同じ日に休みがとれるようにしてあげるのです。ホテルという職場は、何事にもラフでフランクな傾向があります。

でも、お互いの関係性が大事であれば、恋愛と仕事はきちんと分けるべきでしょう。少なくとも自分にいい聞かせる必要はあります。

たとえ、うまくいっている時期でも、職場の空気を乱さないようにと、心がけることが大切です。

いまの若い人のすばらしさに学ぶ

よく、「いまどきの若い者はダメだ」という方がいますが、私はそうは思いません。

私はどんな人でも、年齢、経験に関係なく、秀でている部分があると思っています。それは、お客様はもちろん、友人、知人、家族、同僚、スタッフなど、すべての人に対して思っています。

それが「自分以外はみな師」というモットーにつながっています。

ただし時代には時代の意思があり、時代に即応した考え方、生き方があります。

たとえば三〇年前の人と比べたときに、きっといまの私たちの世代は不合格でしょう。

たとえば、八〇歳の人から見たら、いまの私でも「いまの子はなってない」と思われることでしょう。

古代に始まり、江戸、明治、大正、昭和、平成という時代の流れがあり、そのなかで髪型や服装、仕事に対する考え方は、移り変わってきました。そして、最近ではドッグイヤーという言葉があるように、変化のスピードは昔では考えられないほど速くなっています。

だから二〇歳も年齢の違う、新入社員の感覚と上司の感覚が違うのは当然です。新入社員は上司のことを、上司は新入社員のことを理解できないことがあるでしょう。ある意味、コミュニケーションギャップがあるのは当然なのです。

だからといって、「いまどきの若いものはダメだ」と切り捨ててしまっては、関係すらスタートできません。

それに世の中の流れが変わっても、人間の本質は変わっていないと思うのです。オギャーと生まれた赤ちゃんはみんな一緒だと思うのです。

一対一でお話しして、その人を観察して、素直に相手のよい部分を認めて、そこを尊敬できるとよいでしょう。実際、私は若いスタッフとよく話をしていますが、非常に優秀な人が多く、学ばされることが多いのです。

人間は年をとればとるほど年下の人の意見を聞き入れにくくなるという傾向があります。

でも、徐々に年下の人数のほうが多くなっていきます。

その人たちの意見を聞くことで成長していくことができるのです。

第8章

笑顔で「舞台」に立つための私の秘かな習慣

一日最低一時間、自分をリセットする習慣を

ホテルでの仕事はやりがいはありますが、ときどき肉体的にも精神的にもきつい場面に遭遇します。

たとえば、ホテルのロビー環境によっては、体の冷えに悩むこともあります。冬場は文字どおりの寒さですが、夏場は冷房の寒さです。

特に女性の場合、男性のように靴下もズボンも履いていませんし、もともと冷え性の人が多いので、とても堪えます。

そこで冬場は、外側から見えないところにカイロをしのばせたりしました。外に立つことの多いドアマンはさらにたいへんです。冬場はカイロを貼っていましたし、夏場は帽子のなかに、保冷剤を入れていました。

また、お客様との対応が増えると、エネルギーが次第になくなるような気がしてくることも正直あります。特に、深刻な悩みごとのご相談に対応させていただいていると、心も体も疲れてきます。

こうしたなかで、毎日、高いマインドで仕事をするためには、セルフマネジメントが必

要になります。一日、最低一時間でも、三〇分でもいいですから、自分をリセットする時間をもつよう心がけるとよいでしょう。

一日の計は朝にあり！自分に「おはよう」と挨拶をする

「一年の計は元旦にあり」といいますが、**一日の計は朝にある**と思っています。私は毎朝、必ずやっている習慣があります。

朝の起き方には、余裕をもって起きる人、パッと起きて、パッと用意して出かける人など、いろいろなスタイルがあるでしょう。私は、比較的早く目覚ましをかけるのですが、すぐには起きず、スヌーズ機能（いったんアラームのスイッチを切ってもしばらく経つとアラームが鳴るようにする）を使いながら、蒲団のなかで二〇分くらいすごし、態勢を整えてから起きます。

起きたら鏡に向かって、自分の顔を見て、「おはよう」と挨拶をします。「今日も元気ですか？」と誰かに話しかけるようにします。顔を見るのは自分のコンディションを確認するためです。昨日の疲れは出ていないかな、元気な顔をしているかなと、鏡を見ながら自分に挨拶をします。

ずいぶん前のことになりますが、朝起きたときに母親から、「あなた、ずいぶんひどい顔をしているわね」といわれたことがありました。鏡を見ると、表情は疲れ切って張りがなく、目も充血してドロンとし、これはプロとしてロビーに立つのは失格な顔だと思ったのです。確かに忙しい時期ではあったのですが、鏡のなかの自分が少しかわいそうに思えました。

自分をどれだけねぎらってあげているだろうか、どれだけかわいがってあげているかな、とふと疑問になり、それでまず自分に挨拶をしようと思ったのです。

人に挨拶したときに、返ってこないときがあります。みなさんそれぞれに問題を抱えていて、そのことに集中していたり、気分の悪い日もあったりして、「おはようございます」と挨拶をしても、それに対して無反応なことがあります。

そういうときに、「この人は怒っているのかな」「何かあったのかな」などと悪く考えてしまうと、相手に失礼ですし、自分も疲れてしまうので、そのことは考えず、**返ってこなかった挨拶は、自分に返してやろう**と思いました。挨拶の習慣はそんなようなことから始まったのだと思います。

窓を全開にして、大地・空・風のエネルギーを取り込む

次に、部屋の窓を全部開けます。

寒い日でも暑い日でも、大雨、大風でない限り、窓もカーテンも全部開けて、外に向かって思いきり深呼吸をして、ふーっと息を吐きます。

晴れの日ならお日様に向かって、「今日もいいお天気ですね」といいながら、そこで五分くらい、「今日も一日、うまくいきますように」とお祈りします。

一緒に仕事をしている仲間の顔を思い出しながら、僭越な話だとは思うのですが、「○○さんは昨日、疲れていたようだったけれど、今日は元気に出社していらっしゃるように」とか、「△△さんと××さんは昨日口論をしていたけれど、今日は雰囲気がよくなっていますように」などと、窓を開けたままでお祈りをします。

以前、ある方に、「朝は大地のエネルギー、空のエネルギー、風のエネルギーが高いので、窓を開けて外の空気を吸うといいですよ」と教えていただいてからずっと、実行しています。

この習慣をするようになって、小さな変化が起きました。朝、出社して挨拶をします。

そのときの私の表情が違うようで、相手からの反応がよくなっています。

前に、ビデオ撮影してみたら自分の顔がイメージしていたよりも「きつかった」という話をしましたが、自分が「おはよう」といっている顔が、前の顔より明るいみたいなのです。人が明るい表情で自分に挨拶をしてくれたら、こちらも気持ちよくなって「おはようございます」と元気に挨拶します。

挨拶には、「○○さん、おはようございます」、「△△さん、おはようございます」と相手の顔を見ながらします。

ある方が、私の顔を見ながらニコッとして、「前田さん、おはようございます」と挨拶してくださったことがありました。普通に「おはようございます」といわれたときと比べて、とても気持ちよかったのです。それからは、私も「○○さん、おはようございます」と相手の顔を見て、ニコッとしながら挨拶するよう心がけています。

"We are on the stage"と心のエンジンキー

仕事では「舞台に上がる」という発想をもっています。

スタッフの控え室はいってみれば楽屋です。そこから上がってきて、フロントカウンターの後ろにいるときが舞台袖にいるという感じで、一歩ロビーに踏み出すと舞台の上に立っているという感じです。そこは全員に役柄がある舞台公演なのです。

私が「オン・ザ・ステージ」という考え方をもったのは、大阪の東急インに勤めていたときのことでした。

その当時、ここは日本ハムファイターズ（現北海道日本ハムファイターズ）の常宿になっていました。当時のファイターズに間柴茂有投手がいらっしゃいました。間柴投手は、一九八一年に日本ハムがリーグ優勝したときには、年間一五勝無敗で勝率一〇割という大記録を残した投手でした。その間柴投手が私のところにやってこられ、「前田さんさあ、あんたたち何が面白くてホテルの仕事をやっているの？」とおっしゃられたのです。

「朝から晩まで『申し訳ございません』『ありがとうございます』っていってるし、かといって給料は高くないんでしょ。何が面白くてやっているの？」

その言葉が「舞台に上がる」という発想をもつ、最初のきっかけになりました。

ホテルの仕事は、自分の感情を抑えなければできない仕事です。私という人間の地のままでは、到底できない仕事です。そのときに、これは役割なのだと思いました。舞台で与えられた役を演じているのです。

そして、自分を鍛えていけばよい演技ができて、それがお客様に評価していただけて、私は幸せな舞台を踏んでいけるかもしれないと思いました。

それから数年が経ち、リッツ・カールトンにお世話になったときに、「クレド」のなかに、**"We are on the stage"**という言葉を見つけました。自分がやってきたことと、この会社の考え方は同じだとわかり、続けてきてよかったと思いました。

リッツ・カールトンの場合は、バックステージとステージで明らかに景色が違います。従業員ロッカールームにはスチール製のロッカーが並びます。ここで制服に着替えますが、これが**心のエンジンキーを回す瞬間**です。ロッカーの鏡で自分の笑顔を確認し、ロッカールームを出ます。

バックステージはホワイトを基調にした色使いで、シンプルで機能的で無機質な印象です。

フロントのバックやベルのバックを通り、出会ったスタッフさんに「おはようございます」と、元気に挨拶をしながらバックステージをやや早足で歩きます。ドアを明けると、温かいブラウンを基調したカラーで、重厚で有機的な雰囲気になります。

この景色の違いは、まるで舞台袖から、舞台装置のある表舞台に出たような気持ちにさせてくれます。

やや重めのドアをグイと力を入れて開けた瞬間に、We are on the stage！　となります。**舞台に上がるという発想をもつと、自分をマネジメントできるようになります**。いま私は家を出る瞬間に心のスイッチを入れるようにしています。

ただ、前日の疲れが残っているときなどは、その段階では変えられない場合も多いので、通勤途中に空を眺めたり、「さあ、今日もがんばりましょう」とつぶやいたりして、少しずつボルテージを高めていきます。

オンステージでは、小道具も「見られている」心構えを

仕事場がステージならば、自分のもっている小道具もそれにふさわしいものでなくてはいけません。

それについて、ボールペンのお話を前にしました。いかにも事務用品というペン、キャラクターのついたものやノベルティは舞台にはふさわしくありません。

もう一つ注意したいのが、女性がもっているお化粧用のポーチです。女性スタッフのなかには、オンステージのときに、バックステージからそのままお化粧用のポーチをむき出

しのままもってくる人がいました。

なかには手にぶら下げたままロビーを歩いている人もいました。私は、絶対にやめて欲しいとお願いしました。なぜならステージの舞台裏を見せることになるからです。

ただし、メイク道具はオンステージするために必要なものです。そこで、お化粧用のポーチは書類や封筒の陰に隠してもち歩くようお願いしました。お客様からは、書類をもっているように見える状態です。

一瞬でも、また、お一人でも、「あの人は私物をもっているんじゃないの？」と思わせてはいけないと思っていました。

ハリウッドの大スターのふるまいに学ぶ

もう一つ、気持ちの切り替え方があります。

私はオフのときは本当に怠惰にすごしています。それが本当の自分で、仕事をしているのは別の自分だと考えることがあります。自分にとって理想の接客をする別の自分に変身するというイメージをもつと、比較的スムーズに気持ちの切り替えができます。

これは外国のエンターテイナーの方のふるまいを見ていて思いました。彼らは本当にプロなのです。

たとえば以前、宿泊にいらしたハリウッドの大スターである、ある男優さんは、いつもニコニコ笑っていて、芯から楽しそうにしていて、余裕があり、ホテルスタッフに対してもとても気配りがありました。

また、別の同じくハリウッドの大スターの方が宿泊されていたとき、その方がロビーでごく普通に白人女性の方と話しているので、関係者だろうと思っていたら、宿泊されているお客様だったということがありました。その方が何の構えもなく、ごく自然に話をしているので誰も疑わなかったのです。

こうした姿は彼らの素の姿ではないでしょう。でも、一歩自室から外へ出たら、理想のエンターテイナーとしてふるまっているのでしょう。

こうした姿に少しでも近づきたいなと思っています。

協調性に欠ける私が人好きに変わった理由

オフの時間はとても大切です。自分の時間をつくって気分を変えることで、エネルギーがわいてきます。「よし、またがんばろう」という気持ちになれるのです。

たとえば、趣味の世界は大切にしています。

私にはいろいろな趣味があります。美術鑑賞、舞台、音楽も好きです。友人が宝塚歌劇団にいたという関係で、いろいろ見せてもらいましたし、ほかの劇団員（生徒と呼ばれる）の方との交流もあり、そんな関係で毎月見にいっていた時期もありました。

最近では、美術鑑賞会や観劇会のようなものにも参加します。

じつは、もともと私は協調性に欠ける人間でした。団体行動がどちらかというと好きではありませんでした。不特定多数の人の集まる飲み会では、最後までいられず、先に帰ってしまうこともありました。大勢の人と混じっているのはあまり好きではなかったのです。

一方で、仲のいい人と二、三人で行くのは大好きです。好きな人、話の合う人だけがいる場合は、気持ちがいいわけですから、帰るどころか、どんどん延長したりしていました。

このことはリッツ・カールトンに入社するときの、心理学を応用した試験の結果にも出ていたようです。

でも、いろいろな方のお話を聞くうちに、コミュニケーションが上手に見える方でも、陰ではさまざまな努力をしていることを知りました。

シャイな方が無理をしてでも、人の大勢いる場所に出かけたりしているのです。そういうことを知って以来、私もコミュニケーションというものを大切にしなければならないと思うようになり、積極的に人の集まる場所に出かけていくようになりました。コミュニケーション能力は訓練や学習を通して磨いていけるものです。

いまでは美術鑑賞会や観劇会などで人に会うのが楽しみになりました。たくさんの人のなかにいて楽しんでいる自分の姿を、少し離れたところからもう一人の自分が見ているような感覚をもててから、それが楽しみに変わった気がしています。

ノンフィクション、ビジネス書でリフレッシュ

楽しい気分でいるために、好きなものを近くに置いておこうと思っています。好きな洋服を着て、好きな指輪をつけて出勤する。あるいは、本が大好きなので、自分にとって心

地よい本のうち必ずどれか一冊もっています。

本屋さんにはよく行きます。本屋さんに行くとリフレッシュできます。紙と印刷の匂いが好きで、なぜか落ち着きます。本代は、毎月三万円くらい使っていますが、ジャンル的にはノンフィクションが好きです。歴史関係や、もともと天文学者になりたい時期もあったので天体関係の本などを読みます。

読むことで、自分がリフレッシュできますし、リラックスもできます。マインドにもいい影響を与えてくれます。本を読むと幸せな気分になり、今日も一日がんばろうという気になります。

読んでいる本は、ノンフィクション系が多いので、お客様との会話のなかで、関連する話題が出たら「そうみたいですね」「この間、こういうことを読みました」と失礼に当たらない程度に軽くお伝えすることもあります。読書を仕事に活かそうと意図的にやっているわけではないのですが、そういうこともあります。

また、勉強のためによくビジネス書を読みます。独特の発想のものをピックアップして、自分に活かせるものを活かしたいと考えていました。大事なことがあったらマーカーで線を引いたり、ページを折ったりします。そのうえで残しておきたいと思う本はもう一冊買って、大事に保存しておきます。

オフにはホテルマンの視点をあえてはずす

オフにはサービスを学びにいくこともあります。

このときは、ホテルであれ、ほかのサービス業であれ、自分がお客様になることが大切です。

お客様になって初めて、こういうことはやってもらってうれしい、ありがたい、反対に、もう少しこんなことをやってもらいたいなどと思うものです。

私は、レストランなどに行ったときには、そこのスタッフの様子を感覚的に感じています。

スタッフみんながいきいきと働いているところ、全体的な空気がまとまっているところ、どこかまとまりのないところ、ほとんどのスタッフがやる気のないところなど、さまざまです。

楽しく働いているところには長くいたいと思います。そして、よい雰囲気をできるだけ吸収します。

このときはホテルマンとしての視点を忘れることが大切です。せっかくのお休みなのですから、ホテルマンの視点でほかのサービスを評価するのではなく、よいサービスを満喫するようにします。

それをどうしてよかったのだろうかと分析するのは、後日でいいのです。

第9章

外資系と日本のホテルで学んだ仕事で本当に大切なこと

ホテルの仕事を初めて辞めようと思った日

毎日、神経をピリピリさせて仕事をしていると、行き詰まってしまうこともあるでしょう。ある程度余裕をもっていないと、長い期間、続けていくことが難しくなってしまいます。

私はある時期から、包容力をもてるよう、自分を鍛えていこうと思いました。

それにはやはり、定期的に訪れる壁を打ち破っていかないといけません。

壁を経験しないと、人を理解してあげたい、人を理解しようという気持ちになれないのではないでしょうか。よく泣いた分だけ大きくなれる、涙の数だけ優しくなれるといわれますが、本当にそのとおりだと思います。

ストレスはあるべきだと私は思っています。

生きていたら楽しいこともいっぱいありますが、苦しいことも多いと思うのです。

でも、怪我をしたから、怪我をした人の痛みがわかるというように、苦しい経験がないと、人の苦しみもわかりません。生きている限り、人の苦しみ、悲しみがわからないのは、私は幸せではないと思うのです。

ずいぶん以前、ホテルの仕事を辞めようと思ったことがありました。

理由は一つではありませんが、私がしたいサービスができなかったというのが大きなものでした。

たとえば、お客様がずっと会議で外出できないので、代わりにお使いに行って欲しいと頼まれたとします。そこで自分の時間を利用して、お買物に行って差し上げるというものです。

でも当時、「そういうことをしてはいけない」といわれました。「あなたが一人やったために、ほかの人がみんなしなくてはいけなくなるから、そういうことはやめてください」と。

これだけが理由ではありませんが、いろいろなことがあり、「今日一日がんばって、明日会社にいおう」と思っているときがあったのです。

「あなたはこの仕事をするために生まれてきた」

そんなとき、もう亡くなられましたが、世界的俳優のマルチェロ・マストロヤンニさんが、映画のキャンペーンのために来日されました。

ところが、マストロヤンニさんは取材直前に体調を崩されて、本当は別のホテルに宿泊される予定だったのですが、一晩そのままお泊まりになることになったのです。

私が伺うと本当につらそうで、ハーブティをお入れしたり、たまたまもっていた漢方薬を煎じて差し上げました。その日は、テレビの取材が何本かあったのですが、テレビカメラの前に出た瞬間に、マストロヤンニさんは何事もなかったかのように、とても元気なお姿になるのです。前にもお話ししましたが、海外のエンターテイナーのプロ意識の高さには本当に驚かされます。

そして、取材が終わると、またベッドに倒れられ、ぐったりとされていました。すべての取材が終わり、マストロヤンニさんが「彼女を呼んで」といわれ、夜中の三時くらいまでずっとお側についていました。

翌日、私は再びお部屋に呼ばれました。するとマストロヤンニさんは、

「いろいろつらいことがあるかもしれないけれども、この仕事はやめなさんな。あなたはこの仕事をするべくして生まれてきた人だと私は思う。だから決してあきらめないでがんばりなさい。これは私がいっているんじゃなく、神様が、私の体を使っていっていると思いなさい」

と手を握ってくれたのです。

翌日には辞表を出そうと思っていたときだったので、私は驚きました。

「神様が私の体を使っていっていると思いなさい」といういい方をしてくださったので、ありがたい言葉だな、もう少し考えてみようと思い直すことができました。

この言葉がなかったら、私は辞めていたと思います。

いまから思うと、私には必要な壁だったということかもしれません。

逃げの転職はダメ！　やるだけのことをやってから

仕事をしていると、みな一度や二度、大きな壁にぶつかるだろうと思います。

でもそのときから私は、「苦しいから辞めよう」と思うのはやめようと思いました。たとえ嫌なことがあって辞めるにしても、納得してから辞めることが大事です。

何か嫌なことがあったときに、ちょっとキレたような感じになって、「明日から来ません」と辞めてしまう人がたまにいますが、本当にもったいないと思います。

それでは、その人のよいところは、永遠に認められなくなってしまいます。上司とけんかをして、「辞めろ」といわれ、売り言葉に買い言葉ではありませんが、「辞めます」といってしまった場合、少なくともその上司には、もう二度と認めてもらえないでしょう。

転職したいと考える場合、いくつか理由があるでしょう。

会社で自分の存在感が感じられない、認められていない、達成感が感じられないということで転職を考える人。あるいは、いじめにあって、つらいから辞めたいという人。いまの会社に不満はないけれども、自分のステップアップを求めてという場合。ヘッドハンティングされて、キャリア的にも金銭面でもアップする場合。こうしたことが、おもな転職の理由でしょうか。

私は、プラスを求めての転職はいいと思います。

ただし、いま認められていないからとか、いじめられているからなどの理由で転職を考えるのは、もったいないと思います。

認められない、いじめられるというのは何か理由があるはずです。理不尽な理由にせよ、理屈にかなっているにせよ、何らかの理由があるから、認められなかったり、いじめられたりすると思います。

その理由を、つらさをグッとこらえて分析する、周囲とのコミュニケーションのとり方を変えるなど、やるだけのことをやり、その結果を見て改めて転職を考えてみてもよいのではないでしょうか。

というのは、転職して環境が変わっても、ウマの合わない人は、必ずいます。転職したからといってすぐに認められるとは限りません。それで、そのたびに転職していたら、転職し続けなくてはいけなくなります。その人の問題が解決できていないうちは、同じことが繰り返されてしまうでしょう。

私も経験があるので、つらい気持ちはよくわかりますが、ちょっと立ち止まってみて欲しいなと思います。

「役立たずだから辞めろ」の根源は準備不足

同世代で同じ職種の女性から会社を辞めたいと相談されたことがあります。「辞めて何をするの?」というと、「ミュージカル歌手になりたい」というのです。何歳になっても夢をもつことはすばらしいとは思うのですが、本当は会社を辞めたくなった別の理由があるのではないかと思いました。

尋ねてみると、上司に「役立たずだから辞めろ」といわれているというのです。それともう一つ、自分より一〇年後に入ってきた後輩が、自分を通り越してマネージャーになってしまい、その人から「あなたみたいな人は……」といわれ、「悲しいから辞めたい」というのです。

その気持ちは非常によくわかると思いましたし、「役立たずだから辞めろ」というようないい方を上司がしたのであれば、それはそれで問題です。

でも、そのことはひとまず横において、「あなたはいまどういう問題を抱えているの？」と聞きました。

彼女はアップセルについての問題を抱えていました。

アップセルとは、お客様が予約されているお部屋より、よりお客様にとって快適なお部屋を推薦することです。

たとえば、ビジネスパーソンが二名一室でダブルのお部屋を予約されている場合、その多くは、ほかの部屋がいっぱいで予約できなかったというケースです。そういうときに、ツインのお部屋に空きがあれば、「少しお値段が高くなりますけど、こちらにお部屋が空いています。いかがなさいますか？」とおすすめします。

これがアップセルです。アップセルは誰が行ったかが記録に残り、評価につながります。

でも、彼女はそういうことを一切したくない人でした。予約どおりにスムーズにご案内したいと考えていました。

「どうして?」と尋ねると、「うまくお部屋を変えられない。自分は早番が多くて、コンピュータにはあまり触らないので、どこにどういうお部屋があるかよくわからないんです」というのです。

「それなら自分でお部屋に上がって、なかを見せてもらって携帯電話のカメラで撮らせてもらったらいいんじゃないの?」といったら、「そんな面倒なことはしたくない」というわけです。

彼女は、とても性格のよい人なのですが、お部屋に関する知識をもとうとしていませんでした。それについて、上司や後輩から指摘されたことをつらく思っているのです。

そこで、「答えはとても簡単だと思うよ」と私はお話ししました。

彼女は上司と後輩に「嫌われている」といったのですが、そうではなく「腹を立てられている」のかもしれません。つまり、会社に貢献しようとしていなかったり、本来やるべき自分の仕事の知識を身につけようとしていないように映っているのではないかと。だから、「この件は、お客様におすすめする商品の知識を身につけていない、あなたに原因があると思う」とはっきりいいました。

彼女は「あなたまでそんな冷たいいい方をするなんて」とうなだれていました。

私はこういいました。

「たとえばミュージカルスターになりたいなら、歌もダンスも十分にレッスンして、いつ役が来てもいいように準備するでしょう。いまのあなたは何も準備をしていないのに、主役になりたい、監督が振り向いてくれないっていっているようなものでしょう。それでは、ミュージカルの道に転身しても、スターになんかなれないんじゃないの」

ストレートないい方ですが、そう話すと、彼女はようやく納得してくれました。

彼女はサービス精神の高い、とてもよいものをいっぱいもっているだけに、とても悔しく思いました。それで、私の心を伝えたのです。

自分に問題が起きると、どうしても誰かのせいにしてしまいがちです。でも、自分がやるべきことをしていない場合も多いのではないかと考えさせられました。

「足が痛いから」が本当に辞めたい理由？

これは別の女性のお話です。

その人は、コンシェルジュでしたが、細かい作業を継続的に行うより、ロビーでお客様をご案内する仕事のほうが、彼女の長所をいっそう発揮できるだろうとの判断で、配置転換になりました。

何も支えのないロビーに一日中立つのは、とても疲れます。お客様から始終見られていますので表情も崩せません。精神的にも肉体的にも疲れる仕事です。

あるとき、彼女から「足が痛いから辞めたい」という相談を受けました。

実際に足を見せてもらったら、履いている靴と足の形が合っていないのです。女性は足をきれいに見せたいという気持ちがあるので、同じ女性として気持ちはよくわかるのですが、彼女は業務用の靴ではなく、シンプルなデザインではありましたが、踵が細くて高い幅細の靴を履いていました。おおよそ長時間立てるような靴ではありません。

そこで、「辞めるのは簡単だけど、まず靴を変えましょう」と話し、一緒に業務用の靴を置いているデパートへ行き、やわらかい皮の靴を買いました。明くる日、仕事中に会うと「楽になりました」といっていました。

でも、やはり浮かない顔をしているのです。辞めたい本当の理由は足の痛みではなかったのです。

一緒に勉強し、一年後キャビンアテンダントへ

食事に誘って話を聞くと、彼女は、「単調なお仕事だから辞めたい」といいました。そこで私は彼女を連れて、ホテル内のいろいろな仕事を見て回りました。一通り見終えたあとで彼女に「どうする？」と聞くと、「やっぱりロビーがいいです」といいました。

彼女が辞めたい本当の理由は、「わからないことが多い」ということでした。館内でいま行われているイベントの内容を勉強していなかったのです。だから、ロビーでお客様に何か質問されても、きちんとしたことをお答えすることができませんでした。

たとえば、カニ料理フェアを実施中で、そのパンフレットが館内に置いてあるとしましょう。お客様に「これはどういう内容なの？」と聞かれたとき、彼女は答えることができませんでした。当然、お客様の反応は悪いのです。すると彼女のやる気もどんどん下がっていきました。彼女が仕事を辞めたいという根本的な理由はここにありました。

でも、それは興味さえあれば簡単に覚えられることです。

私は彼女と一緒に勉強することにしました。

パンフレットを見て内容を覚えたり、実際にレストランにいって本物を見せてもらった

りしたあと、ペーパーテストで知識の確認をしたり、私がお客様役になって質疑応答の練習をしました。するとい早いうちに、いろいろな知識を覚えてしまったので、本人も自信がつき、その日から顔色がどんどん変わっていきました。

それから数か月経ったある日、彼女から再び、辞めたいという発言がありました。

その理由は、国内線のキャビンアテンダントに誘われているというのです。話を聞くと、その仕事は彼女に向いているように思えました。

もちろん彼女の上司としては、「辞めて、そちらに行きなさい」とはいえませんが、いまの仕事が嫌で辞めるわけではなさそうだし、次の仕事は本人に向いていそうなので、「がんばって試験受けておいで」といいました。

最終的には、私たちも彼女の門出を祝福して送り出すことができましたし、本人も「あのとき辞めなくてよかったです」といってくれたので、よかったなと思います。

ターニングポイントの見極めは自らきっちりと

もう一つ考えるのは、もしかしたらターニングポイントに差しかかっているのかもしれないということです。

たとえば、接客業が好きでずっとやってきた人が、あるときから接客中に腹の立つことばかり起きるということがあったとします。こういう場合は、自分は何に対して腹を立てているのだろうかと考えてみます。

大した問題もないのに、お客様の一言一句に腹が立つなら、それは心境の変化によって、そろそろ違う仕事をしなさいといわれているのかもしれません。

そうではなく、自分の慣れや怠慢が原因だったり、自分のポジションに甘んじ、ハングリー精神がもてないことが原因の場合もあります。

どちらなのかをきちんと分析してみることです。前者のように、本当にターニングポイントを迎えているのであれば、新天地を探すべきでしょう。後者の場合は、マインドトレーニングをして、元の状況に近づかないと、すべてのものに対して失礼ですし、自分に対しても失礼になります。

東急、ヒルトン、リッツ・カールトン、リゾートトラストのスタイル

転職にはさまざまな理由があります。お金のため、自分の人生を豊かにするため、家族のためなどありますが、私は自分で納得のいく転職をすべきだと思います。

いままでは自分との対話で決めていました。自分がそのフィールドに行って、楽しく仕事ができるかというのが重要なことです。

ただし、仕事というものは厳しいものですし、最初から一〇〇%楽しいという可能性は低いと思っています。完璧な会社なんかどこにもないと思いますから、それを認識して、過度な期待をもちすぎないことが大切だと思います。

東急インからヒルトン、ヒルトンからリッツ・カールトン、そして現在のリゾートトラストとこれまで三回の転職経験がありますが、期待を抱きつつも、ある程度客観的な目で現実を見ることが大切だと感じています。

転職したら最初に、会社のカラーを早くキャッチしようとします。会社の文化というものでしょうか。これは日本企業だから外国企業だからと分けられるものではありません。同じ外資系といっても、ヒルトンとリッツ・カールトンでは全然違います。個々の会社として見る必要性があると実感しています。

特に会社のカラーが現れるのは、社員の人たちです。

ヒルトンの人は、非常にクールで、洗練されている感じがしました。

リッツ・カールトンはフレンドリーな、温かい感じがしました。

リゾートトラストに来て思ったのは、純粋で礼儀正しい人が多いということです。

ただ、そうした会社のカラーに無理矢理自分を合わせようという気持ちはありません。社員の人のいいところを見ながら、自分の長所を活かせるように心がけるという気持ちだけです。

大切なのは、謙虚な姿勢をもちつつ、自分のよい部分を表現していけるよう努力をすることです。人間には必ず短所がありますからそれを自覚して、新天地ではそれを出さないようにと心がけます。素直で謙虚であること。これが大切だと思います。

技術のヒルトン、マインドのリッツ・カールトン

会社にはそれぞれ、特長があります。私のこれまでの経験では、ヒルトンに入ったときに、ヒルトンの技術に感動しました。仕事のやり方がスピーディかつシステマティックなのです。

入る前から聞かされてはいましたが、実際目の当たりにすると、すごいのです。

たとえば、小さなカートに三〇個くらいの荷物を載せて一挙に運んでもっていくなど、仕事が非常に効率的かつスピーディでした。それに、外国語に長けた人が多く、引継ぎの文書も全部英語で書いてありました。それは、英語がわからなければ、仕事ができないということでした。

会議も英語でした。日本人ばかりがいるときは日本語でやりましたが、一人外国人が混じると全部英語になりました。

ただ、そうした環境に動じるという感じはもちませんでした。外国人と英語で会議をするというシチュエーションが、ハリウッド映画のヒロインになったような気分で、昂揚したのです。わからない言葉はたくさんありましたが、英語で話している自分を客観視して、その空間にいられるということが面白いと思っていました。

ヒルトンでは**技術と語学力**を学ばせていただきました。すごく感謝しています。

リッツ・カールトンでは、マインドを学ぶことが多かったのです。

「**心でモノを見る**」ということを学びました。クレドのなかにもそうした表現がありました。それは私が本来、目指しているというか、大事にしたいものであったので、自分の性格的には合っていると思いました。

スキルとマインドはサービスの両輪です。

外資系では、本当に自分の意思をはっきりいわないと生きていけないのか？

「自分の意思をはっきりいわないと、外資系では生きていけない」という言葉を聞きます。私はヒルトンに五年、リッツ・カールトンに九年、勤めさせていただきました。その経験から感じるのは、それは正解でもあり、間違いでもあるということです。

日本の会社でも、自分の意思をきちんといえる人は評価されます。

外資系でも、自分のいいたいことだけをいっていると、「アダルトではない」「自分を抑えられない」といわれます。

相手を説得できるような理路整然としたものいいで自分の意思を伝えられる人を評価してくれるのであって、自分の意思を伝えればいいというわけではありません。

外資系企業では、過去の経歴、業績、年齢では評価してくれません。現在の実力が一番大事なので、昨日まで社長だった人がいきなり解雇されるというケースもめずらしくはありません。

たとえば、ルームサービスでお客様に間違ったものを届けてしまい、お客様がとても怒っているとします。

日本では、昨日まではきちんとやっていたということを評価してくれるケースがあります。でも、外資系企業では、いままでのその人の業績は関係ありません。ミスを指摘されて「君はどう思う?」といわれます。そういうときは、当然ミスを認めて「二度としない」と謝るしかありません。

次にもう一度同じミスをすると、そこでもう評価は下がります。いままでできた人でも、ミスを重ねてしまったら、失った信頼を戻すのは非常に難しい。そういう人を何人も見てきました。

一度だけ上司と感情的にぶつかったこと

リッツ・カールトンにお世話になっているとき、一度だけ、上司と感情的な議論をしてしまったことがありました。

あるときスタッフのことで、責められたことがありました。

「あの子は何で、ああなんだ」という感じでした。それは女性の視点では理解できることでしたが、男性に理解してもらうのは難しいと思われることでした。もしかしたら、きちんと伝えれば彼は理解してくれたかもしれませんが、それをいうと、彼女の秘密を明かすことになってしまうので、これはいってはいけないと思いました。

彼のいい方はとても理不尽に思えましたし、理由を聞いてくれず、かなり感情的にモノをおっしゃっていたので、私もつい強いいい方をしてしまったようです。それはその現場を目撃したスタッフに「どうしたのですか？」と驚かれたほどです。最終的に彼は聞いてくれましたが、本当に納得はしてくれなかったように思います。

そのときのことを振り返ってみると、やはり私は間違っていたと思います。やはり感情的な議論は建設的な結果にはつながりません。

やはり相手のいうことを、「そうですね」といったん認め、それで分析的に、「これはこうすべきでした」「いってもらってありがとう」という対応をすべきでした。外国人であろうが、日本人であろうが関係ありません。やはり謙虚な姿勢は大切です。私はあのとき、「なぜそうしたのか」「こういう理由があったからやったのだ」と主張しました。でも彼が期待していることは、そういうことではなかったと思います。

何かを主張する場合、知的に進めることが大切です。そうやって初めて受け入れられます。

まずは謙虚に、「**いってもらってありがとうございます**」「**あなたのおっしゃることはよくわかります**」**といいます。そして、**「**ただ、あのときはこういう事情があったのですが、そのときはどうすればよかったのでしょうか**」と質問すべきでした。

私はいわれたことに対して非常に腹が立ったので、「せめて、理由を聞いてくれたらいいのに」と思っていました。スタッフをかばう気持ちもありましたし、なぜ知らないのにそんなに文句をいうんですかと、感情で話したと思います。

いまから思うと、私がいままでしたことのなかった上司との議論というものを、彼がさせてくれたことに深く感謝しています。

私がこの一〇年間で学んだこと

これから外資系の会社がどんどん日本に入ってきますから、男性、女性に限らず、外国人の下で働いて、中間管理職になる、というケースがすごく増えてくると思います。

そうしたなかでも、コミュニケーションが大切で、まずは受け止めて、謙虚になることです。

たとえばいわれた瞬間、「それは違うのではないか」と思っても、素直になって、「そういう考えもあるのか」と思うことです。

失敗を指摘された場合には、何があったかを聞いてもらうために事実を伝え、「**こういうことがありました。でも結局失敗しました。私はどうすべきだったのでしょうか**」と相談するようなスタンスをとると、自分のことも相手に伝えられますし、相手のことを受け入れているという姿勢を見てもらえます。

そのとき穏やかな口調でいうことも忘れないでください。

それには気持ちを穏やかに保つことです。いくら声を殺しても、怒っていればすぐわかります。気持ちはとても大切で、なかなかごまかせないものです。

もちろん文化の違いとか習慣の違いはあるので、それは互いの国の文化の違い、習慣の違いを学ぶべきだと思うのですけど、一人間として、やはり求められているものは、アダルトであることです。

自分の主張を、相手を傷つけることなく、相手に受け入れてもらえるように、相手を尊重して、伝えるということです。いわゆる冷静なポジションに立つということでしょう。これは洋の東西を問わず、働くうえでは常に重要なことだろうというのが、私がこの一〇年間で学んだことです。

形は少し変わっても、夢は必ずかなう

最後に「夢」についてお話しします。

夢は必ずかないます。たとえ少し形は変わっても夢は必ずかないます。私はそう信じています。

私は飛行機のパイロットになるのが夢でした。

私の実家は、伊丹空港から車で三〇分ほどの場所にあり、家の上空が航路でした。飛行機は離着陸の前後五分くらいの距離で、車輪を出していましたし、航空会社のマークもはっきりと見えました。

いつも飛行機の音を聞いていると、飛行機によって音が違うということに気づきました。そして、飛行機の形が少しずつ違うということにも気づきました。航空関係の雑誌を見ながら、「この飛行機はあの音だ」などと思い浮かべていました。

そのうちに機体を見なくても、飛行音を聞いただけで、「この音はダグラスだ」などと、ほぼ一〇〇％の確率で当てることができるようになりました。

ダグラス社のエンジンは、非常に力強いエンジン音なのです。特にＤＣ10という飛行機

のエンジン音は、私にとってはわくわくするような音でした。

そんなふうに空を見上げているうちに、「パイロットになりたい」という気持ちになったのだと思います。いとこが客室乗務員になるのが夢で、その勉強をしているのを近くで見ていた影響も強かったと思います。

それで、「パイロットになりたいんですけど、どうしたらいいですか?」という唐突な電話を航空会社にしましたら、人事の方が親切な方で、「弊社では女性のパイロットは受けておりませんので、もしよかったらスチュワーデス（現キャビンアテンダント）の試験がございますが受けられますか?」といってくださったのです。

パイロットがダメならばスチュワーデスになりたいと思い、航空会社の試験をすべて受けていたのですが、みんな不合格になってしまいました。

その最中に、ホテルの試験があり、最初のホテルに入りました。

しばらくすると、航空会社の幹部の方が宿泊にいらっしゃいました。その方と飛行機の話をするうちに、「そんなに飛行機が好きなら乗せてあげるから、明日、伊丹空港にいらっしゃい」といってくださったのです。

偶然にも翌日が休みだったこともあり、伊丹空港に出かけると、駐機しているボーイング747のコックピットに連れていってくださったのです。

「向かって左側が機長の席だからね、座っていいよ」といって座らせてくれたのです。現在の規定では、一般の人がコックピットに入ることは禁じられているのですが、当時は、知人がいれば入ることができたのです。

そこには機長さんがいらっしゃって、その方がいろいろと説明してくださり、「そっと握るだけならいいですよ」と操縦桿《そうじゅうかん》を握らせてもらいました。そのときに、私は「パイロットにはなれなかったけど、こういう形で機長席に座らせてもらえた」と思いました。

じつは最初のホテルに勤めながらも、キャビンアテンダントへの夢があきらめきれず、一度試験を受けたことがありました。このときは試験も面接も通ったのですが、耳の検査の結果で不合格になりました。

その少しあと、たまたま働いていたホテルで航空会社のポスター撮りが行われ、現役のキャビンアテンダントの方が二名来られていたのです。

ところが、そのうちの一人の方が突然体調を崩され、撮影が続けられなくなってしまいました。撮影スタッフの方が代役を探しているときに、たまたま髪をひっつめていた私に目をつけられました。

体調を崩された方と背格好も似ていたので、「もしよかったら制服着てみてくださいませんか?」「あっ、ちょうどいいですね。じゃあこれでいきましょう」とあれよあれよという間に、私はスチュワーデスとして航空会社のポスターに登場することになりました。

この二つのことがあってから、思いはきっとかなうものだと思うようになりました。夢がズバリとかなうこともあれば、形を変えてかなうこともあるのではないかと私はそのとき思ったのです。

自分でもし夢がかなわなかったと思うのであれば、それは気づけなかっただけなのかもしれません。神様は必ずどこかで見ていてくださって、来るべきときになると、それを現実にしてくださっているんだ、と思いました。

それに、たとえば私が飛行機に乗っていたからといって、はたして幸せだったかどうかはわかりません。キャビンアテンダントの試験に最終的に受かって乗っていても、ホテルの仕事のように長く続いていたかどうかはわからないので、私に与えてくださったのはホテルというフィールドなのではなかったかと思っています。

私はホテルで働き、お客様におもてなしをする毎日に大きな喜びを感じています。

サービスの仕事はとても奥が深く、どんなベテランでも、完璧にこなせる人はいないのかもしれません。それでもお客様を大切にしたいという気持ちをもち続ければ、サービスの質は上がっていくと私は信じています。

おわりに

現在、私はリゾートトラスト・東京ベイコート倶楽部（二〇〇八年三月東京お台場にオープン）の開業準備室にお世話になっております。

リッツ・カールトンを退職し、しばらくお休みをいただいておりましたが、そのときある外資系ホテルの方が、お声をかけてくださり、私はそこにお世話になろうと思っていた時期がありました。もう少しでそのお話が正式に決まるという頃、東京ベイコート倶楽部の関係者の方にお声がけいただきました。

「東京ベイコート倶楽部では、すべてのスタッフがコンシェルジュのように仕事をしていこうとしています。あなたが必要です。ぜひ力を貸してくれませんか」

私の心は大きく傾きました。

そのとき私は、日本においてコンシェルジュという仕事を確立させたいと考えていましたので、「すべてのスタッフがコンシェルジュとして働く」組織というのはたいへん魅力的でした。

すべてのスタッフがコンシェルジュのように仕事をするとは、簡単にいえば、スタッフ全員が、心からのおもてなしができるホテルということです。

東京ベイコート倶楽部は会員制倶楽部です。会員権を買っていただいたお客様と生涯にわたってお付き合いするという生涯ホテルになります。生涯にわたってご満足いただくには、スタッフには高いマインドとホスピタリティが求められるでしょう。

当社の会員制事業部には、普通のホテルでは考えられない数の営業マンがいます。営業マンはお客様と、長い方では数十年以上も親密な関係をもち、お客様のあらゆる情報をもっています。お客様の嗜好はもちろん、いまは仕事ではどんな状況におられるのか、家庭はどんな環境か、最近はどんな出来事があったのか、どんなことで悩んでいらっしゃるかなど、営業マンは把握しています。

そうした営業マンの力を借りることにより、お客様の状況に応じた極上のオーダーメイドのパーソナルサービスを行います。

これまでもパーソナルサービスというものはありましたが、さらにそれを上回るものをご提供していこうと考えています。普通のホテルでは手に入れることのできない綿密な情報によって、お客様に極上のおもてなしを提供していきます。

お客様の期待値がもともと高いことも、私どもには心地よいプレッシャーとなっております。

ホテル側に一定のパーソナル情報があるのですから、普通のホテルでは「サプライズ」に当たるものが、ここでは当たりまえにできます。ですから私どもはそれを超えたサービスを展開していこうと考えています。

それはひと言でいえば、最低でもお客様がお求めのものを提供するということです。

そうした極上のおもてなしを行うためには、マインドの高いスタッフが、同じ方針のもとに心を合わせ、もてる能力を一〇〇％発揮することが大切です。

そのために私は、彼らの働きやすい職場環境をつくること、一人ひとりがやりがいと幸せを感じられる職場環境をつくることが大切だと感じています。

お客様へ上質なサービスをご提供するには、スタッフの満足度がとても大切です。現場のスタッフの心が満たされていない状態では、お客様に質の高いサービスを提供することはできないでしょう。

現場のスタッフが、自分の置かれている状況に満足感や誇りをもって仕事をしているからこそ、お客様に満足していただけるエクセレントサービスをご提供できるのです。

マネージャーとして、スタッフに敬意を払い、どんな小さな声にも耳を傾け、支援しようと心がけてまいりました。そういう環境が整えば、スタッフはお客様に対して上質なおもてなしができるようになるでしょう。

なお、東京ベイコート倶楽部会員権については、東京ベイコート倶楽部開業準備室（電話：〇五二―九三三―四八〇〇）までお問い合わせください。

＊　＊　＊

本書の出版にあたり、多くの方々に感謝申し上げます。

現在、日々同じ目標に向かい時間と心を寄せ合いお世話になっている、東京ベイコート倶楽部開業準備室の方々にご協力と大きなサポートを頂戴しました。大きな心で包んでくださっている荻野重利室長（総支配人）を始め、常に私を支えてくださっている宿泊部・上田健司部長、料飲部・大原拓也部長、業務部・川村勝洋部長、洋食料理の宮崎修料理長、メンバー事務局・木村敦司支配人、ゲート&ロビーアテンダント・徳永潤支配人、ハウスキーピング・田中健一支配人、日本料理レストラン・千葉律子支配人、バンケット・白鳥嘉之マネージャー、リゾートトラスト（株）本社広報部ウェブ管理課・高林浩一課長、私を現職に導いてくださった、トラスティ心斎橋・芝勝也支配人、夢の扉を開いてくださった、シティホテルレストラン事業本部・河﨑信彦常務、これらの方々にどれほど支えていただいたのかわかりません。そして、リゾートトラスト（株）の一人ひとりのスタッフの方々に多大なご理解とサポートをいただきました。
マインドの大切さを教えてくださり、心のビタミンをくださったザ・リッツ・カールトンホテルカンパニー日本支社の高野登支社長からは心強い励ましのお言葉と大きなご支援を頂戴しました。

また、仕事への情熱がどれほど大切かを教えてくださり、常に心を配ってくださった、ザ・リッツ・カールトン大阪初代総支配人であり、現在リッツ・カールトン米国フロリダ州地域副社長兼ザ・リッツ・カールトン・サウスビーチ総支配人のジョン・ロルフス氏からは心温まるメッセージと励まし、そしてサポートを頂戴しました。

同じくいつも支えてくださり、気にかけてくださった元ザ・リッツ・カールトン大阪の総支配人で現在ザ・リッツ・カールトン東京の総支配人であるリコ・ドゥブランク氏からは喜びと心強いメッセージを頂戴し、また、どうすればクオリティを高く保てるかを身をもって教えてくださった、ザ・リッツ・カールトン大阪初代クオリティリーダーで、現在ザ・リッツ・カールトン東京の人材開発部長である桧垣真理子氏にはうれしいお言葉を頂戴し、励ましていただきました。

そして、ザ・リッツ・カールトン大阪で同じオープニングスタッフのコンシェルジュとして働き、私をずっと支えてくれた堀井（旧姓・山田）和美さんには、いままた、本書の作成に多大なご協力をいただきました。

また、元ヒルトン大阪の上司で現在コンラッド東京のレベニューマネージャーである若松誠氏には大きな励ましを頂戴し、現在ヒルトン大阪人事業務部長である伊藤敏広氏には常に私を支え、見守っていただきました。ヒルトン東京に勤務され、現在ＪＡＬホテルシステムズ営業本部副本部長である藤崎斉氏には、プロとしてのあり方を教えていただき、パッションを頂戴しました。

そのほか、デザイン案や日頃忌憚ないご意見を聞かせてくださり多大なご支援をいただいている（有）テクニカル工業の濱田大介氏、公私共々長年私を支援してくださっている医療法人春山会・浅川医院理事の浅川康子氏、池田総明氏、ならびにいままでホテルでお世話になった諸先輩方や同僚の方々、そして、私の初めての出版に際し、何度も取材にご足労いただき、本書の編集を担当してくださったダイヤモンド社の寺田庸二氏、私の心を形にしてくださった橋本淳司氏、デザイナーの竹内雄二氏、イラストレーターの鈴木真紀夫氏、（株）デジカルの吉村朋子氏と佐藤麻美氏に、心より深く感謝申し上げます。

これらの方々のご支援なくしては、本書は出版となり得なかったと思います。

本当にどうもありがとうございました。

東京ベイコート倶楽部のデザインコンセプトは、ニューヨーク・アールデコです。ロビーには、黒に金の斑が入った大理石を贅沢に使用し、ニューヨーク・アールデコの美術館、あるいは貴族の館を彷彿とさせ、荘厳で、歴史の重みさえ感じさせます。そのロビーフロアが私の新しい舞台となります。

二〇〇八年春、東京お台場にてお待ちしております。

付録 東京ベイコート倶楽部 コンシェルジュ 資格基準

Title:

(A) コンシェルジュ（Concierge） → 8割3以上
(B) シニア・コンシェルジュ（Senior Concierge） → 8割：レベル4以上＆2割：レベル3以上
(C) アシスタント・チーフ コンシェルジュ (Assistant Chef Concierge) → 全項目において4以上
(D) チーフ・コンシェルジュ（Chef Concierge） → 全項目において5以上

レベル 1：30点以上　2：40点以上　3：50点以上
4：70点以上　5：80点以上　SP：90点以上

Name: ____________________

Date: ____________________

		SP	5	4	3	2	1	Total
資質	1）気配り（Caring）							
	2）注意深さ、観察能力（Observing）							
	3）情報網、情報量（Network）							
	4）礼儀正しさ、丁寧さ、親切さ（Courteousness）							
	5）感受性（Impressionability）							
	6）共感性（Empathy）							
	7）関係拡大能力（Relationship Extension）							
	8）穏やかさ、温和さ、冷静さ（Gentleness）							
	9）正確さ＝時間、内容（Exactness）							
会社方針	**■スタッフウィル**							
	* 暗唱出来るか							
	* 理解度							
	* 実践度							
	* 開拓意欲							
業務内容	**■トランスポテーション（道案内）＝ 台場周辺**							
	* 知識（建設物）							
	* 知識（遊技場）							
	* 知識（レストラン）							
	* わかり易く説明出来ているか							
	* 資料整理							
	* 正確であるか							
	* 知識意欲							
	■トランスポテーション（道案内）江東区エリア							
	* 知識（建設物）							
	* 知識（遊技場）							
	* 知識（レストラン）							
	* わかり易く説明出来ているか							
	* 資料整理							
	* 正確であるか							
	* 知識意欲							
	■トランスポテーション（道案内）東京都全域平均							
	* 知識（建設物）							
	* 知識（遊技場）							
	* 知識（レストラン）							
	* わかり易く説明出来ているか							
	* 資料整理							
	* 正確であるか							
	* 知識意欲							

		SP	5	4	3	2	1	Total
業務内容	■館内施設							
	* イベント内容の把握							
	* レストランメニュー把握							
	* レストラン営業時間							
	* レストラン空席状況							
	* SPAメニュー内容							
	* ジムメニュー内容							
	* 宴会予約把握							
	* 特別手配把握							
	* 駐車場状況把握							
	* 宿泊予約状況							
	* キャンセル＆ノーショー状況把握							
	* VIP把握							
	* 位置関係							
	■外部イベント情報＆アレンジ							
	* 知識							
	* 調査能力							
	* アレンジ能力							
	* 資料整理能力							
	* 外部イベント会社との連携							
	■フライト							
	（国内線）							
	* 航空機予約							
	* キャンセル							
	* 変更・アレンジ							
	* マイレージ知識							
	（国際線）							
	* 航空機予約							
	* キャンセル							
	* 変更・アレンジ							
	* エンドースメント							
	* マイレージ知識							
	■列車関連							
	* 新幹線チケット予約							
	* 新幹線チケット変更・アレンジ							
	* 新幹線チケットキャンセル							
	* 在来線案内							
	* 列車チケット手配							
	* 列車チケット変更・アレンジ							
	* 地下鉄路線案内知識							
	■旅行手配・アレンジ							
	* プランの立て方							
	* プラン内容のレベル							
	* 旅行社とのコミュニケーションレベル							
	* 旅館・ホテルとのコミュニケーション							
	■劇場チケット手配							
	* 舞台チケット手配の知識							
	* 舞台チケット手配のレベル							
	* 劇場関係者とのコミュニケーションレベル							
	* 劇場チケット手配予約							
	* 劇場チケットキャンセル＆お客様への案内フォロー							

		SP	5	4	3	2	1	Total
業務内容	■映画チケット手配							
	* 映画チケット手配の知識							
	* 映画チケット手配のレベル							
	* 劇場関係者とのコミュニケーションレベル							
	* 映画チケット手配予約							
	* 映画チケットキャンセル＆お客様への案内フォロー							
	■コンサートチケット手配							
	* コンサートチケット手配の知識							
	* コンサートチケット手配のレベル							
	* プロダクション関係者とのコミュニケーションレベル							
	* コンサートチケット手配予約							
	* コンサートチケットキャンセル＆お客様への案内フォロー							
	■手配物							
	* 花手配の知識							
	* 花手配能力のレベル							
	* 花屋とのコミュニケーションレベル							
	* 花の知識							
	* ギフトアレンジメントのアイデア							
	* ギフトアレンジメントの知識							
	* ギフトアレンジメント能力							
	* ベビーシッターアレンジ能力							
	■ビジネスサポート							
	* タイピング能力							
	A: 日本語							
	B: 英語							
	C: その他の外国語							
	* 文書作成能力							
	* 名刺アレンジ能力							
	* コピー能力							
	* ファックス送信能力							
	* ファックス受信後の処理能力							
	* パソコン知識							
	* 通訳手配能力							
	* 翻訳手配能力							
	* 機器知識							
	■外部レストラン案内							
	* 知識							
	A: 台場周辺							
	B: 江東区周辺							
	C: 都内主要場所							
	* 予約レベル							
	* アレンジレベル							
	* キャンセル時の交渉能力							
	* レストラン関係者とのコミュニケーション							
	* レストラン開拓能力							
	* レストラン状況最新知識							
	■遊園地案内							
	* 知識							
	* チケット手配能力							
	* 遊園地関係者とのコミュニケーション							
	* 最新情報把握レベル							

		SP	5	4	3	2	1	Total
業務内容	**■言語能力**							
	* 日本語							
	A: 漢字レベル							
	B: 言葉使い＆会話能力							
	C: 文章作成能力							
	D: 読み解釈能力							
	E: 筆耕能力							
	* 英語							
	A: スペル把握能力							
	B: 会話能力							
	C: 文章作成能力							
	D: 読み解釈能力							
	E: 筆耕能力							
	* その他の外国語（　　　　　語）							
	A: スペル把握能力							
	B. 会話能力							
	C: 文章作成能力							
	D: 読み解釈能力							
	E: 筆耕能力							
	■電話応対							
	* 声のトーン							
	* 会話能力							
	* 聴く能力・姿勢							
	* 取り扱い							
	* 電話機器の知識							
	■アテンド							
	* バゲッジの取り扱い							
	* バゲッジの処理能力							
	* ショールーム							
	* 立ち居振る舞い							
	* 室内説明							
	* 歩き方							
	* 姿勢							
	■シガー							
	* 知識							
	* 保持状況把握レベル							
	* 開拓意欲							
	■飲料関係							
	* 紅茶の知識							
	* コーヒーの知識							
	* カクテルの作り方							
	* カクテルの知識							
	* 飲料の出し方							
その他	**■コミュニケーション状況全般**							
	* セクション内							
	* 宿泊部内							
	* 他部署スタッフ							
	* 上司＆部下							

［著者］
前田　佳子（まえだ・よしこ）
大阪市生まれ。大学在学中に東急グループホテルに入社。フロントにて13年勤務した後、1992～97年まで、大阪ヒルトンインターナショナル（現ヒルトン大阪）にて、ゲストリレーションズオフィサーとして勤務。多くのVIPを担当。
97年３月、ザ・リッツ・カールトン大阪・開業準備室に入室。オープニングスタッフとして５月のオープンに携わり、チーフ・コンシェルジュ、ロビー・マネージャーを歴任、約９年間勤務する。
2006年７月より、リゾートトラスト・東京ベイコート倶楽部開業準備室に入り、現在2008年３月の東京お台場のオープンに向け準備中（http://baycourtclub.jp/）。
これまで、接客・サービス研修の講師として、全日本空輸、日本航空、トヨタ自動車（レクサス）、本田技研工業、大丸、阪神百貨店、その他大手企業やホテル専門学校で務めた経歴をもつ。

伝説コンシェルジュが明かすプレミアムなおもてなし
—お客様の望みをすべてかなえる方法—

2007年 6月14日　第１刷発行

著　者——前田佳子
発行所——ダイヤモンド社
〒150-8409　東京都渋谷区神宮前6-12-17
http://www.diamond.co.jp/
電話／03·5778·7232（編集）　03·5778·7240（販売）
装丁————竹内雄二
イラスト——鈴木真紀夫
編集協力——橋本淳司
DTP————デジカル デザイン室
製作進行——ダイヤモンド・グラフィック社
印刷————堀内印刷所（本文）・慶昌堂印刷（カバー）
製本————宮本製本所
編集担当——寺田庸二

ISBN 978-4-478-00043-4